UMAP

Una Muerte A Plazos

José Caballero Blanco

Publicado por
D'Har Services
P.O. Box 290
Yelm, Wa 98597
www.dharservices.com
info@dharservices.com
webmaster@dharservices.com
dharservices@gmail.com

Derechos de autor © 2008, 2013 José Caballero Blanco

Carátula© Xiomara García

Corrección y estilo: Alain L. de León.

ISBN-13:978-0-9853923-7-6

Segunda Edición «Edición Revisada y aumentada»

Índice

Prólogo

Cuando este libro llegó a mis manos tenía cuatro años de nacido pero ya era adulto. La edad de los libros no se cuenta únicamente por los años celebrados, en algunos casos, como en este, testimonio y mensaje pesan y cuentan tanto como el tiempo y el dolor transcurridos. Hay libros que son como algunas semillas, saben esperar hasta que sienten que deben salir a la luz. No en balde los libros tienen mucho de árboles. Este había esperado más de cuarenta años para germinar. Es, desde entonces, más que el grito de un libro nuevo que pretende ser escuchado por todos, el susurro de un libro viejo que sabe cuántos lo escucharán. Han de ser los que tengan corazón en sus oídos.

Por aquellos años José Caballero, el autor, sufrió en carne propia la represión del nuevo sistema político que había prometido la igualdad a todos los cubanos. Un régimen castro comunista que ya no es un secreto para nadie en lo que a violación de los derechos humanos se refiere. La falta por la cual se le juzgaba era la de ser cristiano. Esto, como ser religioso de cualquier denominación, ser simpatizante de otras ideologías políticas, ser homosexual o, simplemente, tener ideas propias y expresarlas, eran «son» los pecados capitales que castigan los gobiernos revolucionarios que dicen ser "del pueblo y para el pueblo". Una cosa si es verídica, dichos regímenes siempre cumplen con el propósito de igualar a toda la población, pero nunca en un plano de bienestar económico sino de penurias. Hambre, destrucción, miseria, represión, muerte, son los mayores resultados detrás de los discursos oficiales de estas torpes e ineficientes tiranías de lo absurdo y de la envidia.

Como muchos jóvenes de su tiempo, José Caballero Blanco, un chico bautista de solo diecinueve años edad, tuvo la experiencia más amarga que, irónicamente, se ha vivido en los dulces campos de caña cubanos, después de la esclavitud. Una vivencia que, tanto a él como otros que lograron sobrevivir a tales escarnios, les dejó inevitables huellas de dolor. Cada una de esas huellas es una evidencia ineludible a favor de la justicia que se habrá de impartir mañana en una nueva sociedad verdaderamente democrática. Justicia, no venganza, reclama Caballero en este su alegato. Él, ha sido capaz de pasar la página del odio, sacar una enseñanza de aquella etapa que le tocó vivir, y perdonar. Quien vive cargando rencores, esclavo se vuelve de ellos. Por eso nació este libro, para soltar el lastre del pasado. El pasado es un lastre, cuando insiste en quedarse en el presente. No se trata de olvidar los flagelos causados por la tiranía castrista sino de aprender de los mismos y sobrellevarlos como a un defecto físico que no se puede ocultar. Cuando llegue la hora del cambio harán falta muchas ganas, muchas manos, muchas mentes y muchas palabras, pero no de rencor y venganza sino de conciliación. Con odio no se reconstruyen pueblos.

Sí, testimonios como este deberán de aparecer en los libros de historia de una Cuba libre, luego de más de cinco decenios de tiranía. No solo habremos de reconstruir las edificaciones, habrá que derribar ciertos mitos que han echado raíces en las mentes de muchos que desde sus nacimientos tan solo han conocido limitaciones y sufrimientos. Para eso también es este libro, sus páginas no ayudarán a levantar un edificio o a darle pan a un hambriento, pero contienen parte del cemento con que se habrá de reparar las mentes, y algo de la harina con que se habrá de alimentar las almas. He aprendido mucho del contenido de estas páginas, me he reído, pero también se me han aguado los ojos. Por eso este intento, más que eso, una petición de mi parte de poder expresar lo que pienso en este un muy anhelado prólogo.

Alain L. de León

Introducción

Nunca pensé que escribir fuese tarea fácil. Pero hacerlo recordando heridas alojadas en el subconsciente, lo veía especialmente difícil. Estamos tan bien diseñados que los malos recuerdos los alojamos en el rincón más apartado de nuestra memoria, y resulta doloroso revivirlos. Así trataba de evitar el recuerdo de las experiencias que he decidido narrar, no por vergüenza, sino porque llaman a sentir algo que no quisiera: odio. Aunque se puede odiar la injusticia, el abuso, el cinismo y toda esa ristra de bajezas que adornan a quienes, al ser colocados en posiciones de poder, les "toca" avasallar a sus semejantes. El odio es un arma que, a cada instante, hiere a quien la porta. Por el contrario, el odiado puede vivir toda su vida sin enterarse de ello.

He tratado de aprender de lo vivido, como de tener, cada día más amor de Dios en mi corazón, para de esta forma arrancar la aparente victoria de quienes motivan la venganza y el desamor. Cuando damos cabida al sentimiento que emana del Supremo Hacedor, podemos ver esos recuerdos desde otro punto de vista.

Me motiva escribir estas memorias, el hecho de creer que no son solo mías, sino también la de más de 40,000 personas que en un período de 2 años, 7 meses y 21 días estuvieron "disfrutando" de unas vacaciones en la provincia de Camagüey, Cuba.

Lo mismo si la pasamos peor o menos mal, es una parte de nuestras vidas que no quisiéramos haber vivido; en la cual fuimos involucrados bajo el disfraz de la ley del SMO «Servicio Militar Obligatorio».

Han pasado muchos años, pero aquí están los recuerdos, tan frescos como si fueran los de ayer.

Regalo de cumpleaños

No había una calle, un rosal, una ventana, un rincón de mi barrio que no conociera. Era el Reparto Mañana, un vecindario de clase media, donde la mayoría de los residentes eran propietarios de sus viviendas. Personas muy afortunadas, ya que muchas de estas fueron recibidas gracias a un concurso patrocinado por el periódico *Mañana*[1]. Dicho periódico cada cierto tiempo rifaba una casa entre sus suscriptores, de ahí el nombre del reparto. Mi madre había ganado la nuestra en un concurso del jabón Tornillo. Fue la única que entregó como premio dicho jabón de lavar ya que después, casi de inmediato, *llegó el Comandante y mandó a parar.*[2]

---

[1] *Propiedad del señor José López Vilaboy, quien también era dueño de la compañía Cubana de Aviación.*

[2] *"Se acabó la diversión, llegó el Comandante y mandó a parar". Estribillo de una canción popular a comienzos de la Revolución cuyo autor, Carlos Puebla, exaltaba la llegada de Fidel Castro al poder y cómo había acabado con todo lo "malo". Dado a lo ambigua de la misma, es usada por aquellos en contra del régimen queriendo dar a entender lo contrario, que Fidel acabó con todo lo bueno. A partir de aquí las notas de editor se identificaran con las siglas: (N.E.)*

Eran construcciones bien hechas, con techos de hormigón, dos cuartos, baño intercalado, sala comedor, cocina, patio, portal y jardín. Un tremendo regalo, alcanzado gracias a las promociones comerciales. Aunque todas las casas tenían el mismo diseño, no se percibía monotonía en el vecindario, ya que cada dueño le había impuesto el sello de su personalidad.

Habitualmente me demoraba en llegar a casa, pues siempre pasaba saludando a los que encontraba en el camino, no porque fuera popular, sino porque me había criado allí y conocía a todos en el barrio. A mis 18 años me creía capaz de todo. Caminaba ligero, como quien se mueve sobre las aguas. ¡Bendita la ilusión de aquella edad!

Ese día del mes de mayo de 1966, al llegar a casa encontré una desagradable noticia. En virtud de la ley № 129 de 1963, había sido llamado a ingresar en el Servicio Militar Obligatorio[3] (SMO) de la República de Cuba, por un período activo de tres años. Como si fuera una broma pesada, la fecha en que debía presentarme ante las autoridades competentes era el 15 de junio, día de mi cumpleaños. Para más ironía, por lo que

---

[3] *El 16 de noviembre de 1963 quedó establecido para varones de entre 14 y 45 años de edad. Vide, Calixto C. Masó. Historia de Cuba. Miami, Ediciones Universal, editado por Leonel A. de la Cuesta, 1998, p. 700. (N.E.)*

pude averiguar, fui la única persona de mi barrio escogida para ingresar en el tercer llamado del SMO. Fue como sacarme la lotería sin haber comprado billete.

Como desconocía cuál sería mi futuro, decidí aprovechar muy bien los días que me quedaban antes de mi conscripción con mucho cine y diversión, por si acaso. Y qué bien hice, porque lo que me esperaba no era nada bueno.

Pertenecía al Comité Militar 701, que incluía los vecindarios de Guanabacoa, San Miguel del Padrón y El Cotorro. Era un área muy extensa fuera de la Ciudad de La Habana por lo que no conocía a nadie de los que fueron llamados junto conmigo.

En la citación constaba que debía presentarme en el Reparto Dolores, en un terreno deportivo llamado Campo Armada. Lo conocía muy bien, pues cuando era aprendiz de mecánica en el puerto de La Habana formaba parte de un equipo de balompié que competía contra los equipos formados por las tripulaciones de los barcos que allí atracaban. Era, exactamente, en ese terreno, donde disputábamos los partidos y sería allí donde tanto me divertí, el sitio donde comenzó mi odisea.

El día mencionado me levanté temprano, teníamos que estar antes de las ocho de la mañana. Me despedí de mis padres en casa, no quería que me acompañaran. Había visto escenas muy tristes de padres despidiéndose de sus hijos en ese terreno y no quería darles ese gusto a esos que, con un hito de tristeza, marcaban la división de mi vida entre juventud y adultez.

Éramos muchos los presentes en aquel terreno, 500 reclutas de todos los niveles sociales, colores y tamaños. Jóvenes al fin, algunos hacían chistes para tratar de pasar, más fácilmente, el mal rato. Otros, tenían caras de asombro como diciendo: ¿Por qué a mí? A los más, se les veía resignados, como pobres carneros que se saben camino al matadero. Nadie podía adivinar qué sentimiento se agolpaba en el interior de cada uno de nosotros, mas si me atreviera a decir que era el Miedo creo que no estaría muy lejos de la realidad. Somos humanos, tememos a lo desconocido y nos sentimos inseguros ante lo que nos invade o saca de la zona de comodidad donde se mueven nuestras vidas. Irónicamente, ante todo esto pensaba: "¡Atiza, cómo tengo invitados a mi cumpleaños!" Nunca pensé que cumpliría los 19 acompañado de tanta gente, en mi fiesta.

De a poco nos fuimos concentrando mientras entonábamos una canción, muy popular en aquel tiempo, de la famosa Orquesta Aragón. Todos coreaban: *"La gente va llegando al baile..."* Lo que no podíamos imaginar era a quienes de nosotros nos tocaría bailar con la más fea[4]. De pronto apareció, por la puerta del estadio, un teniente con las listas de los llamados a las filas. Todos callamos, de tal manera que hasta podía escucharse el vuelo de un mosquito. Era el momento de la verdad. Con voz autoritaria, el oficial nos dijo que al escuchar nuestros nombres debíamos contestar en voz alta con las palabras: aquí o presente, y pasar al extremo más alejado del terreno de juego. Con la misma se ubicó en lo alto de las gradas y comenzó a decir los nombres.

La mayoría rogábamos a Dios porque nuestro expediente se hubiera desaparecido, como por arte de magia, para poder escapar de la recogida. Ya veríamos como sería para la próxima. Empero, desafortunadamente, escuché mi nombre muy claro. No tuve más remedio que responder bien alto el consabido AQUÍ...

Arrastrando los pies, salí hacia donde nos habían señalado. En ese momento sentí como si me hubiesen cortado la juventud de un hachazo. Lo mismo que una fruta arropada entre papeles para obligarla a madurar, así, sin querer, entraba en un período de maduración forzada. Éramos como frutas que seríamos arropadas sin que a ellos les importara si nos llenábamos de manchas y recibíamos golpes hasta podrirnos. Así, como

---

[4] Expresión popular que quiere decir: llevar la peor parte.

esas pobres frutas que nadie quiere, quedaron esas marcas en mí ser.

Afuera nos esperaban los camiones militares que nos llevarían al sitio donde pasaríamos el "ansiado" Servicio Militar Obligatorio. Así comenzaba nuestro viaje hacia lo desconocido. Las gentes, al percatarse de que éramos reclutas aún vestidos de civil, con nuestras caras de tristeza, cuando nos veían pasar en dichos camiones verde olivos, nos gritaban en tono de burla: "¡Siete pesos...![5]" Era el mote que el pueblo daba a los llamados a las filas del SMO por el ridículo salario de siete pesos al mes. Para nosotros el chiste era tan cómico como puede serlo un funeral. Para el Estado cubano resultaba muy rentable tener a la vez: mano de obra barata, carne de cañón y cerebros para lavar, toda una bicoca. Como quedó demostrado en tantos conflictos bélicos tanto en África como en otras regiones.

Después de estar dando rueda por casi una hora, entramos en la autopista Novia del Mediodía «uno de los primeros intentos de autopistas en La Habana» hasta llegar al lugar pintoresco que sería nuestra unidad escuela de entrenamiento básico. Acto seguido de pasar por la entrada principal, posta Nº 1, arribamos a una edificación, de construcción compacta, con una

---

[5] El dictador Fulgencio Batista le pagaba $33.33 a sus "casquitos", nombre popular de sus soldados que eran voluntarios. (N.E.)

estructura fuera de lo común. Afuera tenía la estatua de una imagen religiosa. Luego nos enteramos de que era el seminario católico El Buen Pastor[6] que, en esos instantes, fungía como Estado Mayor de la unidad. Milagrosamente, en este caso no fue así, qué fácil le resultaba al nuevo régimen tomar y disponer de lo que otros habían hecho, tan fácil como pescar en una tina de baño.

Esperándonos enfrente del edificio estaba un individuo corpulento y dueño de una voz de trueno, que nos ordenó bajar de los camiones y formar filas en columnas de a tres. Se nos presentó como el teniente Manresa, el cual nos daba la bienvenida a la Escuela de Especialistas Menores de las DAAFAR «Defensa Antiaérea de las Fuerzas Armadas Revolucionarias», llamada comúnmente por el nombre de la finca colindante al seminario: Barbosa. Allí comenzaría el entrenamiento básico de los que tuvieran el "privilegio" de ser considerados soldados de la Revolución. Desde ese instante a donde fuéramos: al comedor, a clases, hasta para el retrete –cuando nos dieran permiso– tendríamos que ir marchando.

---

[6] *El 22 de junio de 1966 se formaliza la expropiación de las instalaciones del seminario. Se paga una indemnización en metálico y en especies «materiales y trabajo». Vide, Masó. Op. cit., p. 706. (N.E.)*

Después de recoger los uniformes, y la ropa interior que debíamos usar a partir de entonces, a excepción de las botas, todo verde olivo, nos cortaron el cabello a lo militar. Por último, nos hicieron desnudar recogiendo nuestra ropa de civil, para prevenir se nos ocurriera la idea de escapar. Así, vestidos de "aguacates", todo de verde, podríamos ser detenidos fácilmente por patrullas de la policía militar, en caso de fugarnos.

Algo que nos llamó la atención desde que pusimos los pies en aquel lugar era la cantidad de moscas que había. Se nos posaban en todo el cuerpo: los ojos, los oídos, y en ocasiones hasta se nos colaban en la boca. La razón de tanto mosquero era que al fondo de Barbosa se encontraba el vertedero de basura de la ciudad de Marianao. Así que pasaríamos el entrenamiento, no solo militar, sino también el de sobrevivir al constante hostigamiento de las moscas. Con decir que en las pocas ocasiones que fumigaron alrededor del comedor —una nave abierta, rodeada por un muro de un metro de altura—, se podían recoger con palas las moscas muertas. Antes de que los cocineros nos sirvieran la comida en la bandeja, ya estaban sobre nuestros alimentos. Nadie que haya estado en Barbosa puede decir que no ingirió, de vez en cuando, una dosis extra de proteínas, si es que las moscas son fuente proteica.

Nos formaron enfrente del comedor a esperar que comiera toda la tropa acantonada en la base. Desde que salimos temprano de nuestros hogares no habíamos comido nada. Nos dieron algo pasadas las seis de la tarde, hora de arriar la bandera en las unidades militares, en la llamada operación retreta. Luego supimos el motivo oculto de la espera, y lo averiguamos de la forma más indeseable que se puedan imaginar. Al postre, mermelada de guayaba, le habían echado un purgante fortísimo conocido como jalapa. Según ellos para limpiarnos. Les garantizo que lograron su objetivo.

Terminamos el día en cuclillas en retretes que llamaban baños turcos. Consistían en un hueco en el piso entre dos espacios cementados para colocar los pies, con una tubería de agua dirigida al desagüe. Había veinte de estos en dos filas de a diez, una frente a la otra, por lo que estábamos obligados a olvidarnos de todo pudor. Cuando salíamos teníamos que volver a hacer la cola para entrar. Si alguien hubiera tenido apendicitis seguramente no habría sobrevivido. Buen final para el día de mi cumpleaños, con una música no muy amena y unos perfumes no muy agradables. Bienvenidos mis dulces e imborrables 19 años.

Barbosa

Describo a continuación mi lugar de residencia por 70 días, tiempo que duró el entrenamiento básico.

De la entrada principal o posta Nº 1, siguiendo recto, se pasaba por frente al edificio del hasta hacía poco tiempo seminario católico, ahora Estado Mayor de la unidad y, desde luego, lugar vedado a los nuevos reclutas. Al otro lado de la calle estaban las instalaciones deportivas que incluían varios terrenos de baloncesto y de voleibol, también había una arboleda. Esos lugares a la intemperie fueron nuestras aulas en el llamado entrenamiento básico. Siguiendo por el camino se llegaba a lo que era propiamente el campamento militar. A la izquierda, un tanque elevado abastecía de agua a todo el campamento. Al final del camino se hallaba el comedor y a la izquierda las barracas donde dormíamos, cada una con 500 reclutas. En ese tiempo éramos 2,700 nuevas víctimas en la base. Intercalados entre las barracas se hallaban los baños turcos, veinte de estos e igual número de duchas, que solo tenían agua fría, después de las 10 de la noche. Demás está decir que, bajo esas condiciones, bañarnos diariamente no era cosa común; y el pobre que debía fungir como cuartelero[7], en su recorrido nocturno por las barracas, siempre salía por la puerta del fondo completamente mareado por causa de los olores. Por último, a la derecha del comedor, se encontraban las aulas de las tropas coheteriles, las de radiotécnica «radares» y las de cañones antiaéreos de distintos calibres: 30, 37 y 57 mm, todas, espacios igual de prohibidos a los nuevos reclutas. Al extremo de estas había una arboleda de mangos que llegó a ser la zona de visitas, donde nos encontrábamos con nuestros familiares los domingos de 3 a 5 de la tarde, siempre y cuando hubiésemos hecho méritos para recibirla, lo cual significaba portarnos bien y responder positivamente en las clases. En otras palabras: dejarnos adoctrinar, mansamente.

Siempre me ha gustado la música, el pasodoble español era algo bien conocido en casa. Mis padres lo bailaban tan bien que hasta les hacían coro. Pues aquí el paso doble resultó ser un trote que nos sacaba el alma por la boca. Cuando daban la orden: PASO DOBLE..., me acordaba de Silverio Pérez, de El Currito de la Cruz y de todas las tonadas conocidas de España

---

7 Sereno, guardia nocturno.

y pensaba: mal rayo les parta a los que inventaron esa palabrita.

Nuestro día comenzaba a las 5 de la mañana con el de pie[8], un toque de diana a través de unas bocinas enormes colgadas en los postes y dirigidas a las puertas de cada una de las barracas. Salíamos, como cohetes, en calzoncillos y camisetas a hacer los matutinos[9]. Era la función del cuartelero levantar a los remolones que querían aprovechar algunos minutos más de sueño.

Luego de diez minutos exactos para vestirnos, lavarnos las caras y cepillarnos los dientes, nos llevaban a desayunar. El desayuno era, nomás, un pedazo de pan y un agua de leche condensada, después del cual comenzaban nuestras actividades diarias. Clases políticas, clases de disciplina militar, clases de arme y desarme de rifles checos VZ 52, más clases políticas y más. Un constante lavado de cerebro.

Estando en una de esas clases, esta de economía política, se me ocurrió hacerme el gracioso. Comprendí, de manera no muy agradable, que la cosa era en serio. Fue en una ocasión, en que el político[10] de nuestra compañía nos explicaba cómo, cuando las fuerzas

---

[8] En el argot militar: la hora de levantarse.
[9] Ejercicios matutinos.
[10] *Principales encargados del adoctrinamiento político.*

productivas rompen el marco de producción, se produce una revolución. Decidió poner un ejemplo aclaratorio. Decía, que las fuerzas productivas eran como un perrito metido en una lata de galletas, que a su vez representaba el marco de producción. Al crecer el perrito, rompía ese marco de producción. En ese instante se me ocurrió comentarle a mi compañero más cercano: «No le den comida al perro, a ver si crece».

Mala idea. No me había percatado que detrás de mí se encontraba la serpiente silenciosa del político del batallón, el cual, al escuchar mis palabras, sin perder tiempo, me gritó un sorpresivo DE PIE..., que me hizo brincar como un resorte. Interrumpió la clase diciendo que los payasos y chistosos no tendrían oportunidad de desarrollar su arte en las Fuerzas Armadas Revolucionarias «FAR». Con la misma, me sacó de la clase y a paso doble me llevó hasta la cocina a fregar calderos. Debió pensar que sería un castigo ejemplarizante pero, al final, me resultó muy provechoso ya que hice amistad con los cocineros. Así, mientras los demás reclutas comían una magra ración yo, gracias a mi comentario, podía doblar la mía. Nunca antes una frase desafortunada tuvo tan buen castigo.

Con esa experiencia supe el porqué dicen que: tanto en la guerra como en la paz siempre hay que cuidar la retaguardia para no ser sorprendidos, por lo que antes de abrir la boca, miraba a mí alrededor para ver a quienes tenía al lado. Dicha costumbre se me volvió un reflejo condicionado tan arraigado que, tiempo después viviendo en una sociedad libre, me costó trabajo dejarlo. Me habían enseñado a desconfiar, a no creer ni en la ropa que llevaba puesta, la mejor manera de sobrevivir en un paraíso comunista.

Éramos buenos reclutas. Algo que demostró nuestra simpatía y admiración por nuestros oficiales instructores, fue lo ocurrido en una práctica de tiro.

Ese día nos llevaron marchando hasta una cantera de piedra caliza, usada como campo de tiro, que se encontraba detrás del campamento. Para evitar que al disparar hiciéramos blanco en alguno de los camiones que circulaban por la vía, en la parte donde se extraía material, dos sargentos tenían la misión de detener los vehículos, momentos antes de que cada pelotón abriera fuego. De ellos dos uno se había ganado la mala voluntad de los reclutas, un extremista y abusador llamado Rodríguez Perdigón. Lo habían ubicado en el extremo derecho de la vía. Llegado el momento, formaron en fila el pelotón[11] y nos entregaron los rifles con cinco cartuchos a cada uno. Nos hicieron tendernos en el suelo —en ese

---

[11] Un pelotón consta de 25 uniformados.

instante era cuando debíamos colocar las balas en los cargadores– y apuntar a las dianas. Nos encontrábamos a una distancia de 100 metros de las mismas y como a 200 del camino, a un nivel más elevado de estas. El alcance efectivo de esos rifles era como de 400 metros. Antes de dar la voz de fuego, avisaban a los sargentos para detener el tránsito, colocándose ellos en medio del camino y a los extremos de las líneas de tiradores. Al parecer en el instante que nuestra fila recibió la orden de disparar, alguien supuestamente erró el blanco y disparó dos veces en dirección al sargento Perdigón, quien tuvo que tirarse a tierra al sentir el silbido de las balas. Con tantos rifles disparando a la vez fue imposible determinar quien tuvo la genial idea.

Finalizado el ejercicio de tiro, ya en formación, nos dijeron que iban a pensar que lo ocurrido con los disparos dirigidos "erróneamente" hacia el sargento, fue un caso fortuito, debido a nuestra inexperiencia. No obstante, todo el pelotón, estaba en situación de extrema disciplina y constante observación. Poco tiempo después trasladaron a Perdigón a otro sector. Al parecer le prestaron atención al modo tan efusivo con que le manifestamos nuestro desagrado por su desempeño con la primera compañía.

Así, con más penas que glorias pasaba nuestro entrenamiento para ser soldados en activo. Solo esperábamos con ansia el domingo de visitas en la arboleda de mangos. Dos horas de gran alegría al reunirnos con nuestros familiares y amigos los cuales habían pasado mucho trabajo para podernos traer comida y así satisfacer nuestra hambre vieja. Pero, más importante que llenar los estómagos, era el cariño que recibíamos de ellos. Cuando tenemos ese amor a diario creemos que es lo más natural del mundo, pero cuando nos falta...

Muchos compañeros y sus familiares me llamaban *el Tamalero*, por mi frase: "Hay tamales", para identificarme en el grupo. Algunos de los que me conocen de aquel tiempo me siguen llamando así.

Nunca fueron suficientes las palabras para manifestarles a mis padres mi agradecimiento por sus sacrificios y apoyo constante en las buenas y en las malas, especialmente en estas últimas donde más se prueba el amor, y mis viejos hicieron derroche de ese sentimiento.

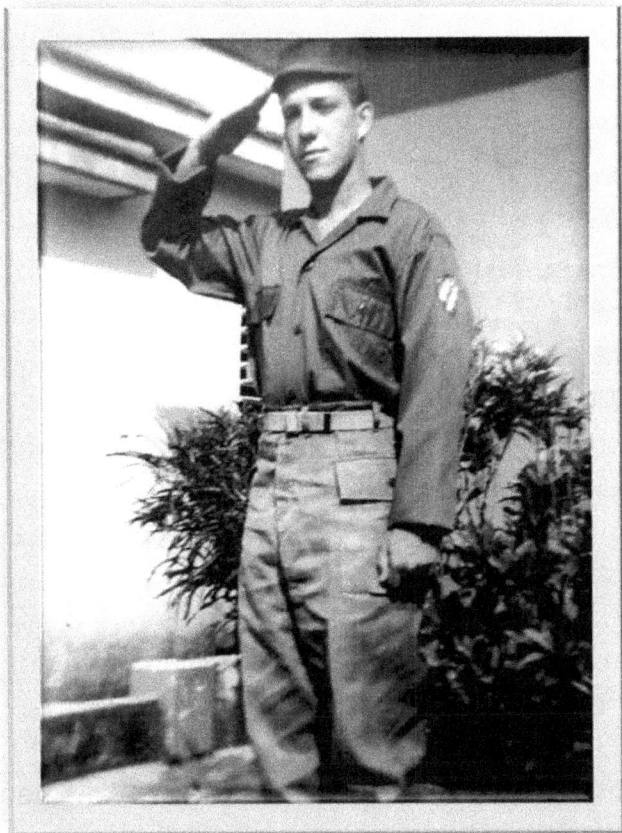

El autor en uniforme, antes de ser llevado a las UMAP

De cómo no pasé por el colador

Dedico un capítulo a esta etapa, porque quiero incluir, no sólo la entrevista que me realizaron, sino también la de otros que tuvieron su "pedacito de domingo" con los agentes de la contrainteligencia militar.

Como elementos de la primera compañía, del primer batallón, de la escuela de reclutas de las DAAFAR, teníamos el ingrato privilegio de ser los primeros cada vez que había algún movimiento extraño. Por ejemplo cuando había que ir a la barbería a tusarnos[12] o hacer una guardia vieja[13], éramos los primeros. Como también lo fuimos en ser entrevistados por dichos agentes.

Siempre he preferido pasar rápido el mal rato a esperar en el limbo mientras, en mi mente, escucho una vieja canción que reza: *"¿qué será, será...?"* Es preferible morir de una vez que a pedacitos y agobiado por la duda. Por eso no me mortificó, que nos llevaran de primero que las otras compañías hasta una barraca, entre el

---

[12] *Cortar el cabello.*
[13] *En la jerga militar: recoger la basura dejada en un terreno.*

comedor y los alojamientos que, a diferencia de las otras, en las paredes tenía de la mitad para arriba unas celosías de barro que permitían la entrada del aire. Allí, detrás de unas puertas, se hallaban los cubículos donde seríamos entrevistados. Nos formaron afuera y, después de mandarnos a romper filas, nos ordenaron esperar nuestro turno para entrar, de uno en uno, empezando por el primer elemento del primer pelotón. Mi número era el 70, por eso desde el contén de la acera donde estaba sentado esperando ser llamado pude escuchar algo de las entrevistas cuando subían la voz.

En ese tiempo, Contrainteligencia Militar era un departamento dentro de las FAR «Fuerzas Armadas Revolucionarias», que realmente respondía al MININT «Ministerio del Interior». Ellos se encargaban de la investigación, para mantener la pureza del ideal revolucionario dentro de las FAR, con poder y autoridad por sobre todos los mandos regulares. Así, como el Diablo a la cruz, hasta los propios oficiales le temían.

Entre algunas de las entrevistas pude escuchar la de un joven de San Miguel del Padrón al que le faltaban los dientes de la encía superior, quedándole solo los enormes colmillos como marco obligado de su cara. Sumado a eso, el raso corte militar y una cara no muy agraciada, daban por resultado un rostro que más bien parecía el de un demonio. Por eso, los que se pasaban el día buscando en que entretenerse, le pusieron de sobrenombre: *Mabuya*[14]. El oficial encargado de su caso le mandó a que se vaciara los bolsillos y pusiera las pertenecías sobre la mesa. Una de ellas era un reconocible pañuelo rojo, color de Shangó[15] en la religión afrocubana y al parecer su orisha «deidad». El oficial lo miró y con sarcasmo le dijo:

—¡Así que eres santero[16]!, con pañuelito rojo y todo.

A lo que el sagaz muchacho le respondió algo que nos arrancó risas incluyendo al oficial que tuvo que soltar una carcajada.

—Eso no es un pañuelo de brujería, sino la bandera del partido comunista.

Llegó mi turno. No me sentía seguro sabiendo lo que podía significar ese momento, pero estaba decidido a responder con la verdad. Aunque nos cueste pagar un precio oneroso siempre se obtienen mejores resultados cuando uno va con la verdad por delante, sobre todo el de sentirse complacido con Dios y con uno mismo. Me recibió un teniente de tez blanca, delgado, de

---

[14] *Para los aborígenes taínos Mabuya era el dios del mal.*
[15] *En la religión yoruba: orisha que manda en el rayo. Sincretizado con santa Bárbara en la religión Católica. (N.E.)*
[16] Nombre que recibe el sacerdote (agorero) en la religión yoruba. (N.E.)

mediana estatura y unos 35 años de edad. Tenía una irónica sonrisa que lo abandonó muy pocas veces durante el transcurso de la entrevista. Me invitó a sentarme en una silla frente al escritorio y, con voz pausada y hasta amigable, comenzó por preguntarme: el nombre, de dónde era, qué hacía antes de ser llamado a filas... Anotaba cada respuesta.

A la cuarta, fue directo al grano y ahí fue donde la mula tumbó a Genaro, quería saber si tenía familiares en el extranjero. Frunció el seño al contestarle que mi hermana, mi sobrina y mi cuñado vivían en Estados Unidos pero enseguida se compuso y echando mano a su sonrisa me dijo:

—¡Te han dejado solo!

Y eso que no sabía que cuando el Gobierno suspendió las salidas, debido la famosa Crisis de los Cohetes,[17] ya mi solicitud de permiso de salida del país tenía 65 días de presentada. Las personas salían a los 70 o 75 días de solicitarla, no me pude ir tampoco cuando Camarioca[18], por causa de la

---

[17] Crisis provocada por la presencia en Cuba de misiles soviéticos con ojivas nucleares que fueron descubiertos por la inteligencia estadounidense en octubre de 1962. Esta crisis, resuelta entre Khrushchev y Kennedy, puso al mundo al borde de un holocausto local. También provocó un desequilibrio en las relaciones cubano-soviéticas. (N.E.)

[18] *El 3 de octubre de 1965 el presidente Lyndon Johnson autorizó la entrada a los Estados Unidos de embarcaciones provenientes del Puerto de Camarioca, Matanzas, con un nutrido grupo de exiliados. Vide, Masó. Op. cit., p. 704.* (N.E.)

dichosa promulgación de la ley del Servicio Militar Obligatorio. De haber sabido esto, creo que se le hubiera acabado la sonrisita. Mi respuesta fue clara. Usé su misma arma: el cinismo.

—No, desde luego que no, yo tengo un par de viejos que echan rodilla en tierra por mí.

Con voz aún más amable me preguntó mirándome a los ojos:

—¿Y tú piensas irte?

A lo que yo respondí.

—¿Y usted qué cree?

Cambió su tono amigable y con autoridad me respondió.

—Aquí, quién hace las preguntas soy yo.

—Pues fíjese que sí —fue mi respuesta—, si tuviera la oportunidad de salir legalmente, sí lo haría. Pero mientras esté en este país cumpliré con las leyes, siendo ese el motivo por la que estoy aquí frente a usted, cumpliendo la ley del Servicio Militar OBLIGATORIO...

Volvió a la carga después de escribir en el papel y me preguntó:

—¿Qué armamento te gustaría estudiar en las Fuerzas Armadas?

Me le eché a reír en la cara y, haciendo referencia a los lanzacohetes múltiples llamados Katiuskas, simulando el ademán de cortar caña, le respondí:

—Lo único que después de mi respuesta ustedes me van a dar es un *lanza cañas* múltiple. Poniendo cara de buenísima gente, me dijo:

—Seriamente, ¿qué te gustaría aprender?

—Cualquier pieza de artillería antiaérea preferiblemente los 57 mm. –Le respondí como por salir del paso. Total, si ya sabía que mi suerte estaba echada.

Se puso de pie extendiéndome la mano y, sin abandonar su mordaz sonrisa, me despidió diciendo:

—Ya acabamos.

Más bien: Ya acabó conmigo. –Pensé mientras regresaba a sentarme en la acera. Sentía un gran peso sobre las espaldas pero a la vez orgullo de mis respuestas. Había caído en el molino de la Revolución y estaba listo para ser triturado.

Si mi entrevista tuvo relieves de tragicomedia, la de Carlos, otro de mis compañeros, fue mucho más colorida. Le tocó un capitán como entrevistador. Su pensamiento racista se manifestó desde la primera pregunta:

—¿Has estado preso?

—Sí.

—¿Por qué motivo? –Seguramente pensaba que por algún delito de robo o por alguna pelea callejera.

A lo que Carlos le respondió tranquilamente:

—Con 15 años, Seguridad del Estado me apresó en la provincia de Las Villas por tratar de alzarme en el Escambray[19].

El oficial se levantó vociferando y, como si el ser de una raza determinada significara que tenía de estar de acuerdo con el llamado proceso revolucionario, explotó como El Maine[20], gritando:

—¡Cojones...! Tú, tan negro y tan contrarrevolucionario.

Afuera todos nos miramos con caras de incredulidad. Su cólera era tan notable que traspasaba las paredes. Nos agruparnos cerca de la puerta. Las voces iban subiendo de tono. Sobre todo la del capitán. Ante aquella palabra

---

[19] *De mayo a agosto de 1960, desde las sierras de los Órganos y del Rosario en Pinar del Río hasta la zona Moa-Baracoa en el este de Oriente, se comenzaron a organizar en serio grupos de guerrillas en contra del gobierno comunista de Fidel Castro. Sin embargo, fue en la Sierra del Escambray, en la región central de la Isla, justo por la zona de la antigua provincia de Las Villas (hoy dividida en Cienfuegos, Villa Clara y Sancti Spíritus), el sitio donde tuvo más notoriedad aquella lucha que duró siete años (1960-1966), A estos valientes se les nombraba con el apelativo de alzados. Vide, Masó, Op. cit., p. 683. (N.E.)*

[20] *La aún discutida intencional o accidental explosión del acorazado USS Maine, el 15 de febrero de 1898, en el puerto de La Habana, donde perecieron 260 marineros y numerosos oficiales, le dio pie a los Estados Unidos para una intervención militar. Su propósito oficial defender los intereses norteamericanos en la Isla. Desde entonces a la fecha frases como: "Así volaron El Maine y era de hierro" o "Explotó como El Maine", forman parte del argot popular para expresar varias cosas. (N.E.)*

ofensiva, la respuesta de Carlos no se hizo esperar:

—Le pido que no me grite ni me diga malas palabras, porque yo también se decir cojones y no lo uso al dirigirme a usted. Además, le digo algo: Yo me enteré de que era negro después del año 59, porque desde que ustedes tomaron el poder, lo que hacen es echarme en cara que soy negro.

Aunque nosotros no podíamos ver su rostro, imaginábamos al capitán echando chispas ante las respuestas de Carlos.

—Tú no podías entrar en un círculo social[21] ni bañarte en sus playas. —Le gritó el oficial.

A lo que ni corto ni perezoso Carlitos le respondió:

—Ni tuve interés en visitarlos antes, ni tengo interés en visitarlos ahora.

—¿Qué es tu padre, a que se dedica?

—Es retirado de las Fuerzas Armadas de Cuba.

—Entonces es un esbirro de Batista. —Dijo el investigador, tratando de ofenderlo.

—No, no es un esbirro, porque ustedes han fusilado a todo aquel del que tuvieran la más mínima sospecha de estar envuelto en algún crimen, y mi papá está muy tranquilo en su casa cobrando su pensión.

---

[21] Clubes y sociedades privadas.

—Pensión que generosamente le paga la Revolución —ladró, como un perro, el oficial.

—¡Pensión a la cual él contribuyó toda su vida! —le respondió Carlos, con una calma que acabó con el poco aguante del capitán.

Sintiéndose derrotado por un joven de 20 años que, sin alzar la voz y con argumentos concisos, lo había sacado de sus casillas, le gritó:

—¡Coño!, vete de aquí antes de que saque la pistola y te pegue un tiro. ¡Negro de mierda...!

Fue la frase final de aquel capitán que, en su posición de fuerza, se creía capaz de dominar, no sólo nuestros cuerpos, sino también nuestras voluntades. Tremendo chasco. Carlos lo había dejado como al perro que le amarran un cordel con latas en la cola y no sabe para donde correr. Al verse derrotado, le echó mano al recurso de la bravuconería y el alarde de poder. Actitud muy habitual entre ellos.

Cuando Carlos arribó donde estábamos esperándolo tan solo nos comentó: «Mi próxima parada es Camagüey».

¡Qué claro estaba! No solamente sería enviado a Camagüey, sino que con él iríamos un grupo de 36 no aptos políticamente, para formar parte del selecto grupo de soldados de las Fuerzas Armadas Revolucionarias.

El autor, en uniforme militar regular, antes de ser llevado a las UMAP

Un viaje con los gastos pagos

A los que no pasamos por el colador nos separaron del resto de los reclutas y nos mandaron a dormir a la última barraca del campamento. Allí nos esperaba un sargento encargado de "cuidarnos". Nos habíamos convertido en los leprosos de Barbosa. El Comandante en Jefe había bautizado a los desafectos a la revolución socialista con el nombre de gusanos[22]. Nuestra cercanía podía contagiar a otros elementos con el virus de la gusanería.

Nos llevaron a diferentes partes del campamento que tenían la hierba alta, y acto seguido de darnos unos machetes sin filo nos ordenaron chapear, al parecer como fase introductoria para que nos fuéramos acostumbrando a lo que vendría. Nuestras vidas eran como arañas pendiendo de un hilo a merced

---

[22] *Igual que el Führer llamó gusanos a los judíos, a los que consideraba que se podía borrar de la faz de la Tierra, o avasallar, Fidel Castro bautizó como gusanos a quienes no estaban de acuerdo con él, que igualmente se podían expulsar del trabajo, despojar de sus propiedades, encarcelar, y hasta fusilar. (N.E.)*

del viento. Luego vendría el ventarrón que nos arrastraría hasta la provincia de Camagüey.

De nuevo nos fueron otorgados extraños privilegios como el de ser los últimos en almorzar y comer. No nos negaron la comida, no sé ni cómo. Igual no teníamos ni unidad ni números asignados, únicamente nos decían el grupo de los 37. Si malo era ser el número que te designaban como elemento de alguna unidad, peor era estar así, como un ente visible que nadie quiere ver. Mientras a los otros reclutas los ubicaban en escuelas especializadas, nuestra única misión era la de esperar y desesperar.

Llegó el viernes y como a las 5 de la tarde nos mandaron recoger nuestras pertenencias y formar enfrente de nuestro dormitorio. El sargento a nuestro cargo nos enfatizó que debíamos llevar todas nuestras vituallas, porque el viaje iba a ser largo. Sospechábamos que nos llevarían para Camagüey, aunque, a decir verdad, daba igual que nos llevaran a la Conchinchina. Tan solo queríamos saber qué iban a hacer con nosotros.

Marchamos hasta el frente del edificio principal, donde el jefe de planas de la unidad nos esperaba con unos expedientes en las manos y, sobre ellos, la lista con nuestros nombres. También se encontraba el jefe de escuela, un teniente de apellido Manresa –alguien a quien de haber sido sargento también le hubiesen disparado en las prácticas de tiro– quien, con su potente voz, nos hizo adoptar la posición de atención por largo tiempo. Le gustaba mostrar que tenía autoridad.

Arribó un ómnibus verde olivo con las insignias de las FAR. En ese momento salieron del edificio cuatro soldados portando rifles con bayoneta calada, y un sargento con una metralleta checa CZ, modelo 25, que nos rodearon. Manresa nos dijo que a medida que fuéramos oyendo nuestros nombres entráramos en la guagua con las pertenencias, que íbamos a ser trasladados a otra unidad militar. Subí los escalones del ómnibus y, recordando una enseñanza de Jesús a sus discípulos: "Donde no los reciban sacudan el polvo de su calzado", me sacudí las botas. No quería llevar conmigo el polvo de Barbosa. Manresa, al ver mi acción me dijo:

—Sacúdete el polvo de aquí, que allá vas a tener bastante.

Como diría un cómico cubano fallecido, llamado Alberto Garrido: "Camagüey, allá va eso".

Escoltados por bayonetas caladas mostrando su brilloso negro mate, fuimos llevados hasta la Estación Central de Trenes de La Habana Vieja, donde abordamos *el Lechero*[23] con destino a Oriente. Nos sentaron en la parte más retirada de un vagón. Estábamos al tanto de que no llegaríamos tan lejos. Dos escoltas se apostaron a cada lado del vagón; otros dos, en la puerta y en el pasillo. Teníamos prohibido abrir las ventanillas y hablar con el resto de los viajeros. Cuando el tren echó a andar se ubicaron en el pasillo, cerca de nosotros, confiados en que nadie iba a estar tan loco como para lanzarse del tren en marcha. De agua y comida ni hablar.

Como nos habían llamado antes de la hora de la comida, ya estábamos con el estómago pegado al espinazo y más sed que un desterrado en un desierto. Habíamos pasado Matanzas cuando nos dejaron tomar agua de una pila que estaba al otro extremo del pasillo, de uno en uno y vigilados. Todavía recuerdo el sabor a óxido que tenía aquel caldo que llamamos agua en ese momento. Lo demás fue rutina. Cada vez que se hacía una parada nuestros dedicados guardianes volvían a rodear el tren. Querían garantizar que llegáramos seguros...

Por fin arribamos a la ciudad de Camagüey, en la provincia del mismo nombre. Esta vez el comité de recepción estaba compuesto por ocho custodios, a los cuales nos entregaron en la

---

[23] *Símbolo de lentitud, se le llama así a este tren por la cantidad de paradas que hace en su recorrido.*

misma estación. Apurándonos y sin perder tiempo dichos individuos nos hicieron abordar en dos camiones que nos estaban esperando para llevarnos al Estado Mayor de las UMAP[24], desde donde nos enviarían a distintas unidades.

Ya todo estaba claro, Carlos tenía razón. En lo adelante sería en las UMAP donde, tras el maquillaje del servicio militar, conoceríamos los rigores de los campos de concentración de la bondadosa revolución cubana.

---

[24] *Campos de trabajo forzado, instaurados por el régimen comunista de Cuba entre 1965 y 1968, cuyas siglas: UMAP, significaban: Unidades Militares de Ayuda a la Producción.*

Bienvenidos a las UMAP

Se dieron cuenta de que no habíamos comido en más de 24 horas —quizá lo quisieron así para irnos curtiendo en lo que nos esperaba—, únicamente habíamos tomado un poco de agua con sabor a óxido, por eso, al bajar de los camiones y formar en el patio, se aparecieron con unos panes con mortadela y un recipiente grande con agua fresca. Más tardaron ellos en llegar con los panes, que nosotros devorarlos y bebernos toda el agua. A esa edad no hay comida que llene la panza de uno. Y mientras comíamos sentados en el patio, en el interior de una edificación se subastaba la suerte de los nuevos esclavos de las UMAP.

Un teniente nos ordenó quitarnos, de las mangas de los uniformes, el distintivo de reclutas llamados al Servicio Militar. Tenía forma de escudo con franjas perpendiculares: dos blancas entre tres franjas azules, y una franja roja horizontal arriba con el número uno. Cada año de servicio militar el número aumentaba. Tuvimos que ponernos otra enseña, esta de fondo blanco con las siglas UMAP en color rojo y un número uno. Como en el servicio militar, tres años debían pasar para ver que un último número en nuestras insignias. Tres años de trabajo forzado.

Nombraron a varios de nosotros, entre los cuales me encontraba, y nos ordenaron subir a un camión. Habían decidido romper el grupo y enviarnos a distintas unidades. Apenas tuvimos chance de despedirnos. A unos los enviaron al batallón 30 de la ciudad de Camagüey, cuya base estaba cerca del aeropuerto, a trabajar como obreros de la construcción. Entre ellos se encontraba mi amigo Carlos. No se podía esperar menos para la suerte de un negro contrarrevolucionario. De algunos de esos compañeros de infortunio jamás he vuelto a saber.

Nuestro camión salió de la ciudad de Camagüey, según pudimos ver en las señalizaciones del camino, hacia el central Panamá, en Vertientes. La carretera pasaba cerca de un desvío que decía Jimaguayú[25], lugar donde cayera *el Ballardo Camagüeyano*[26]. Nos desviamos hacia la izquierda y, después de salir de la carretera, tomamos por un

---

[25] En Jimaguayú (1895) se proclamó la tercera Constitución de la República de Cuba. Vide, Leonel A. de la Cuesta, *Constituciones cubanas, desde 1812 hasta nuestros días*. Madrid, Editorial Hispano Cubana, 2006, p. 39. (N.E.)

[26] El Mayor General del Ejército Libertador Ignacio Agramonte y Loynaz nació en Puerto Príncipe (hoy Camagüey) el 23 de diciembre de 1841. Falleció en combate, en Jimaguayú, el 11 de mayo de 1873. (N.E.)

terraplén hasta un lugar llamado Guayabito. Tras pasar la entrada nos miramos, con esas miradas resignadas de los que saben lo que les espera. Solamente había unos pocos elementos, la mayoría estaba en el campo en las labores agrícolas. La única verdad detrás de aquellas siglas era la palabra producción. No era unidades militares ni de ayuda, sino simples campos de trabajo forzado. Si en algo son buenos los regímenes totalitarios es en crear eufemismos para nombrar lo que, de otro modo, es innombrable.

Las cercas de alambre de púas tenían más de 10 pies de altura. A eso había que sumarle otros cinco pelos de alambre orientados hacia adentro. Quedaba bien claro que no eran para nuestra protección. También había guardias armados en el portón y en las esquinas. Meses después, a causa de unas fotos publicadas en el extranjero – algo que perjudicaba la imagen internacional de la Revolución–, dichos postes fueron recortados. Como si eso fuese suficiente para disminuir la represión. Dejaron a varios de nuestros compañeros allí, el resto: Armando, Lazarito, Soto, Jorge, Míguez, Almaguer y yo fuimos asignados a la compañía № 3.

Nos despojaron de las camisas y las gorras verde olivo y nos entregaron unas mudas de ropa de burda mezclilla azul. Conservamos los pantalones militares, según ellos, porque ese era el uniforme de pase. Después, para completar la metamorfosis de humanos a gusanos, nos dieron un machete y un azadón. Por último, el político del batallón nos dio la bienvenida hablándonos acerca de nuestra responsabilidad con la Revolución, en esta nueva fase de nuestro Servicio Militar Obligatorio. Según sus palabras no estábamos presos, sino que éramos soldados destinados al frente de la producción. Este fue un discurso que nos repitieron hasta el cansancio. ¿Por qué tanta aclaración? Tal vez, porque ni ellos mismos se lo creían.

Armando, uno de mis compañeros pidió permiso para hablar. Al serle concedido le preguntó el por qué nos habían traído usando escoltas con rifles y bayonetas si, según él, no éramos presos. A lo que el político contestó, que eso era para cuidarnos de que nadie se hiciera daño en el traslado a nuestras nuevas unidades. No solamente nos habían quitado la libertad, sino que también nos respondían como si fuésemos estúpidos. Armando replicó entonces: que le daba las gracias al ministro Raúl Castro, por el cuidado de nuestra seguridad. Fue una buena muestra de la hipocresía con la que tendríamos que sobrevivir en lo adelante.

Volvimos a subir al camión que nos había traído a Guayabito, que era la comandancia del batallón 27, y salimos de allí tomando de nuevo la carretera hacia el central[27] Vertientes. Acto seguido de cruzar por el batey del central azucarero nos desviamos hacia la que sería nuestra unidad, pasando por frente de una unidad en construcción que le llamarían: La Cubana. Según el político para allí serían trasladados los elementos de la compañíaNº 3 del batallón 27, comúnmente conocida por el nombre de Guasimal.

Si desagradable fue la impresión que me dio Guayabito que en contraste con Guasimal era como comparar un hotel de 5 estrellas con una choza. Las cercas eran las mismas, pero el lugar de alojamiento era nada más y nada menos que una vaquería de piso de tierra, con paredes y techo de chapas de metal corrugado y columnas de una punta a otra para poder amarrar las hamacas. Gracias a las planchas de metal, aquello era un horno en verano y un congelador en invierno.

Las instalaciones sanitarias dejaban mucho que desear. Eran 5 baños turcos, 5 duchas y 5

---

[27] *En español, a excepción de: el o los taller(es) todos los sinónimos de fábrica se usan en femenino, incluyendo: la central. En Cuba, debido a la importancia que adquirió la industria azucarera desde los comienzos de la misma el uso de central pasó de femenino a masculino «de la central azucarera a, el central azucarero», solamente para referirse a este tipo de producto. De hecho no tengo datos de que en algún momento se hayan referido a la misma en femenino. (N.E.)*

lavaderos. No obstante, debíamos alegrarnos ya que nos dijeron que aunque la barraca no estaba en mejores condiciones estábamos bien, en otras unidades la cosa era peor. Creo que fue una de las pocas verdades que nos dijeron en todo el tiempo que estuvimos allí.

Por fin, a las siete de la noche nos dieron algo de comer: carne rusa de lata, arroz blanco y plátano verde hervido con cáscara, que nos supo a ambrosías de los dioses. Ya no veíamos del hambre. A la luz de candiles amarramos las hamacas en el primer lugar que encontramos vacante, y nos echamos a dormir con la ropa puesta, tratando no caernos de las indómitas hamacas. Solamente nos quitamos las botas.

Me asignaron el número 12 del primer pelotón. Otra vez volvía a ser un simple número fácil de sustituir. En poco más de 24 horas pasamos de ser reclutas del SMO a confinados de una de las Unidades Militares de Ayuda a la Producción, sabiamente rebautizadas, por los que llegaron antes de nosotros, como: **U**na **M**uerte **A** **P**lazos.

Monogramas del SMO y de las UMAP

Guasímal

No eran las 4 de la mañana cuando un ruido, como de campanas, acompañado del grito: DE PIE…, nos hizo saltar de las hamacas. La campana resultó ser de un disco de arado colgado en un palo que golpeaban con una cabilla. Todos se levantaban con extrema rapidez, sin que nadie tratara de quedarse remoloneando entre las sábanas como ocurría en Barbosa, cosa que me extrañó. Pronto supe el porqué de tanta velocidad.

El teniente a cargo de esta unidad tenía como mote el nombre de un conocido gran jefe indio americano: Caballo Loco. Nunca supe su nombre real. Era un guajiro oriental, alto, desgarbado y con voz nasal. Se movía con largas zancadas. No sé, si por ese paso se ganó el sobrenombre de *Caballo*, pero lo de *Loco* sí estaba bien justificado. Como método para amedrentarnos, tenía la costumbre de blandir la pistola por cualquier cosa. Al parecer arrastraba esta costumbre desde Guayabito, donde, a la hora del de pie, entraba a la barraca disparando al techo. Con nosotros había cambiado el método y el arma. En cuanto daban el de pie, *Caballo Loco* entraba a la barraca, por cualquiera de las cuatro puertas, con un machete, cortando las sogas de las hamacas. Era la razón por la que todos dormíamos apiñados en el centro de la edificación, evitando las puertas. Nadie quería comenzar el día visitando el piso.

Para vestirnos, calzarnos, lavarnos la cara, cepillarnos los dientes, evacuar nuestras vejigas y formar en el patio, disponíamos de breves minutos. El lugar de formación estaba entre la barraca y el comedor. Este último era un cobertizo sin paredes, con techo de guano y piso de tierra, que también servía de aula. Cada noche después de comer a la luz de candiles, nos daban una esperada charla política.

De desayuno nos daban un café con leche, mucho más ligero que el de Barbosa, y un pan rompe dientes. Había que mojarlo bien para poderlo comer sin riesgos. El café con leche era tan aguado porque lo preparaban con sólo 10 latas de leche condensada. Éramos 120 hombres. Luego pude comprobar que la oficialidad se despachaba, a manos llenas, los suministros que, de por sí, nunca fueron abundantes. A veces no había ni leche aguada, sino un preparado de fécula de no sé qué, traída de la URSS «Unión de Repúblicas Socialistas Soviéticas», que la diluían en agua y le echaban café.

Llamaba la atención que por fuera de la cerca y alrededor del campamento, había lomas de tierra y unos hoyos no muy profundos parecidos a trincheras. Luego nos enteramos de que esos fosos eran el resultado de castigos ejemplarizantes con el objetivo de ablandar las voluntades más rebeldes. Aquellos que los mandos sospecharan pudieran causar problemas, se hacían merecedores de esa disciplina. No les parecía suficiente todo lo que había que laborar en los campos, y trataban de doblegar con más trabajo, a quienes protestaran por lo más mínimo.

Tenían las herramientas en un cuarto con candado, que solo abrían en el momento de ir a trabajar, para recoger el machete y una lima para afilarlo en el campo. Luego cambiaron la política y debíamos hacerlo los domingos, en una piedra de amolar que había en el patio. Como le había dicho al oficial que me entrevistó, esas serían las armas que me darían para "combatir" a mi paso por las "unidades militares".

Íbamos caminando a través de los campos de caña, llevando una cantina de aluminio de 40 litros, atada al cabo de un azadón.

Nos turnábamos a cada rato, ya que pesaba demasiado. Si a eso se agregan las tortas de fango que se pegaban en las botas, resultaba una tarea ardua el tener un poco de agua a nuestra disposición. Mas, esto no era nada, sobre todo cuando en tales condiciones hallamos a quienes serían nuestras compañeras inseparables. Teníamos que abrocharnos las camisas hasta el cuello y apretar los bajos de los pantalones con bandas elásticas, para evitar que se adueñaran de nuestra piel con sus picaduras. Nos hicimos expertos a la fuerza, pegándoles cigarros encendidos. Así resultaba más fácil removerlas y el matarlas. Cada día, al bañarnos, algún compañero de confianza nos revisaba la espalda a ver si teníamos alguna de huésped. Fueron una prueba de resistencia todo el tiempo que estuvimos en Guasimal. Sin embargo, a pesar de lo indeseable de sus presencias, algo nos hacía casi iguales: nosotros éramos para la Revolución, lo mismo que ellas para nosotros: garrapatas.

Usualmente, luego de 3 o 4 horas seguidas al sol realizando tareas tan agotadoras como las de chapear o aporcar caña, la sed comenzaba a intensificarse. Para ese tiempo ya habíamos consumido el agua acarreada, así que solamente teníamos dos opciones: soportar la sed o beber el agua del entorno. Para eso debíamos apartar los gusarapos y los residuos flotantes acumulados en las pisadas de las bestias de trabajo o beber la estancada en los surcos después de la lluvia, un poco más fresca.

Teníamos que sacar una norma de trabajo de entre 18 a 24 cordeles lineales[28], dependiendo de la altura de la hierba. Era tanta la faena que lo azul de los uniformes se tornaba blanco debido a la sal que uno expulsa cuando suda. Los surcos eran tan largos que uno no veía el otro extremo. Con la hierba más alta que la caña se hacía difícil el trabajo. Con machete y garabato en mano para la limpia, debíamos tener cuidado de no cortar los plantones de caña muy similares a los de una hierba llamada cañuela. A todas estas, nuestra labor era inspeccionada por los jefes de lote, unos guajiros comunistas que determinaban la norma que debíamos sacar. Nunca se apeaban de los caballos, por eso les llamábamos: *caballócratas*, es decir, burócratas de a caballo.

Aunque usábamos guantes, solamente en la mano del machete, nuestras manos no estaban acostumbradas a una labor de esa índole. Muchos, incluyéndome, después de la primera jornada ya teníamos las manos en carne viva y llenas de ampollas. Recuerdo que uno apodado *Chibirico*, campesino del área del mismo nombre, cerca de Santiago de Cuba, al ver mis manos, me recomendó que orinara sobre ellas, para que el ácido úrico las endureciera. Dicho y hecho. Al caer las primeras gotas de orine sobre mis manos,

---

[28] *Un cordel equivale a poco más de 20 metros.*

parecía que me habían aplicado brazas de carbón en ellas, era puro fuego lo que me quemaba y no sabía cómo aplacarlo. Luego de seguir su consejo, por unos días, se me endureció la piel de las manos. Fue remedio santo. Pura sabiduría guajira.

En ocasiones, dependiendo de las órdenes del teniente, si no sacábamos la norma antes de la hora de almuerzo, nos mantenían trabajando en el campo sin ir al campamento hasta la tarde, a la caída del sol. Algunos se infligían heridas, para tratar de tener algún respiro, pues dependiendo del tamaño de la sutura les daban días de descanso. Recuerdo que a uno de mi pelotón le decían *el Cirujano*, porque se especializó en dar cortes en las piernas con un machete sumamente afilado. Cuando alguien solicitaba sus servicios –bien ocultos entre la alta yerba–, levantaba la pata del pantalón de la pierna contraria a la mano con que usaba el machete. *El Cirujano* apoyaba su "bisturí" en ángulo sobre la pierna y con una lima le daba un golpe encima, causando el corte deseado. El "paciente" tenía que ser valiente y aguantar el "tratamiento". Luego se cortaba la tela del pantalón y esa área se embarraba con la sangre de la herida. Por último, el accidentado llamaba al cabo para que este autorizara llevarlo a la enfermería.

Se dieron casos de cortes en las manos en los que se afectaban los tendones. Entonces la cosa se ponía más fea, pues al demorarse en llevarlos a Camagüey se agravaba el caso, pudiendo llegar a requerir una operación de envergadura. La automutilación no siempre daba buenos resultados, pero hasta ese extremo se llegaba, con tal de escapar –aunque solo fuese por unos días–, de las fatigosas labores. Desesperación y Frustración hicieron su mejor trabajo como malas consejeras. Los suicidios no fueron pocos[29].

Lloviera o tronara, no nos retiraban del campo hasta que ellos decidieran. Trabajando veíamos salir el sol y, en muchas ocasiones, el ocaso. Aunque hubo ocasiones en que nos sacaban a la hora que el perro no sigue a su amo[30] y nos hacían caminar hasta el campamento para almorzar. Después retornábamos cerca de las 2 de la tarde hasta que el sol se empezaba a ocultar.

Al llegar la zafra todo cambió. Se detuvieron las labores de chapeo y comenzó el corte. Este se

---

[29] *Según algunos, el número de suicidios ocurrido en las UMAP se guarda celosamente, como un secreto de Estado más. Igual, corren versiones de que dichos archivos fueron destruidos. Se dice que: "el número de suicidas fue de 78". Enrique Ros, La UMAP, el Gulag Castrista. Miami, Ediciones Universal, 2004.*

[30] *La hora que el perro no sigue a su amo, así llaman los guajiros al mediodía, cuando el sol está en su punto más alto y hace más calor; justo cuando el perro se echa a la sombra y no quiere caminar.*

realizaba no por pelotones, sino por parejas, llevando varios surcos a la vez.

De izquierda a derecha: un compañero de las UMAP cuyo nombre no recuerdo, el autor, Jorge y Lazarito

Mis compañeros de viaje

Desde que llegamos a Guasimal, los jefes, fieles a la máxima de: "Divide y vencerás", deshicieron nuestro grupo de siete, ubicándonos en distintos pelotones. Sin embargo, en la barraca, teníamos las hamacas colgadas cerca unos de otros, no perdiendo ese espíritu de grupo.

Armando era de Centro Habana; Míguez, Almaguer y Soto, de Marianao y el resto: Lazarito, Jorge y yo pertenecíamos a la zona de San Miguel del Padrón, El Cotorro y Guanabacoa.

Con sólo 24 años, Armando, flaco y de carácter serio, era el más viejo de nuestro pequeño grupo. Un buen compañero que nos ayudaba a razonar cuando perdíamos la paciencia.

Míguez era alto, flaco, rubio y con gruesos espejuelos, siempre sorprendía cuando la represión estaba en su punto. Tan sólo repetía: "Me alegro, me alegro". Recuerdo que la primera vez que le escuché esa frase le pregunté que cómo podía decir que se alegraba. Su respuesta fue clara y contundente: "Me alegro de que mis otros tres hermanos no estén pasando por esto". Estaba solo en Cuba, puesto que su familia había abandonado el país. Siendo el mayor de cuatro varones y el único en edad militar, sus padres dudaron entre sí se marchaban o quedaban con toda la familia unida. Fue el mismo Míguez quien los presionó para que se fueran y así evitar que sus hermanos menores pasaran por el Servicio Militar, quedándose él con sus abuelos, muy mayores. No fue una decisión fácil pero las cuentas eran claras, o se perdía uno y se salvaban tres o se perdían los cuatro. He ahí el motivo de la famosa frase.

Lazarito, dicharachero y conversador, era el de menor tamaño del grupo, de ojos saltones y, como si tuviese azogue en el cuerpo, muy activo. El único hijo varón de una familia compuesta por tres hermanas y él, por ende el mimado. Vivían en el Reparto Dolores y era un núcleo familiar muy unido. Lo demostraron al ir todos a verlo a Camagüey. Ya los conocía de las visitas en Barbosa donde compartíamos un espacio cercano bajo las matas de mango. Estaba muy enamorado de su novia Finita con quien se casó años después. A él y a Armando son a los únicos que he podido encontrar en el exilio.

Almaguer, de mi edad, era el más muchacho del grupo. Con cara de relajo[31], siempre se estaba riendo. Tenía una voz característica, como si constantemente estuviera gritando, aunque hablara en tono normal. Parecía la voz desafinada de un muchacho en pleno desarrollo.

Soto, en los pocos días que estuvo con nosotros en Guasimal tenía toda la atención en realizar sus planes. No los compartió con nadie. Me pidió prestado un pantalón verde olivo ya que los suyos estaban sucios. Según él, tenía que ir a la agrupación en Vertientes, para hacer una gestión. Esa misma noche brincó la cerca y desapareció.

Dejé para el final a Jorge, porque era un caso especial. De niño había padecido de poliomielitis, dejándole secuelas en el lado izquierdo de su cuerpo «mano y pierna, limitados motoramente». Así y todo fue llamado a filas. De voz fañosa, pues tenía el cielo de la boca casi unido al tabique nasal, era el objeto de burla de los sargentos y cabos que lo forzaban a marchar, cosa que le resultaba difícil por su impedimento en la pierna. En fin, un individuo para admirar pues, saltando por encima de la discriminación y de las burlas,

---

[31] *Tener cara de relajo: expresión popular que define a una persona pícara o muy alegre.*

era un tipo de unas convicciones políticas definidas y un anticomunista manifiesto, por eso a cada rato era castigado, por su rebeldía.

Había un sargento de apellido López que, como se dice comúnmente, se le "encarnó "a Jorge, tratando de hacerle la vida un calvario. Se le paraba detrás en el surco que le habían asignado como tarea y comenzaba a ofenderlo con todo tipo de improperios: vago, lumpen, cojo de mierda…, e igual lo amenazaba con enviarlo a La Unión, por flojo.

Dada su condición física, sacar la norma de trabajo era misión imposible para él, pero nunca se rendía. Nunca bajó la cabeza y su actitud era un acicate para nuestro grupo. ¡Cómo guapeaba frente a la adversidad ese compañero de cautiverio! Es increíble que una persona en las condiciones físicas de Jorge, estuviese reclutada por las Fuerzas Armadas. Es absurdo que alguien con sus limitaciones fuese llamado a filas. Ningún país del mundo hubiera llamado al Servicio activo a un individuo como él. Pero en Cuba lo ilógico es normal.

Dos meses antes de mi llamado a filas, me hicieron pasar por el reconocimiento médico en el Hospital Militar Carlos J. Finlay, de Marianao «Antiguo campamento militar de Columbia». El ortopédico que me examinó «yo, completamente desnudo sobre una mesa» viendo mis pies me dijo el comienzo de una frase que al oírla me hizo ver los cielos abiertos, pensando que había resuelto mi baja médica del SMO. Pero, después de una leve pausa, agregó: "Tienes los pies bien planos… Bueno, si no sirves para matar, sirves para que te maten". Con la misma, certificó mi aprobación médica.

De izquierda a derecha: Luis el dentista de Guantánamo y Testigo de Jehová, José Caballero el autor de este libro, Armando, Miguel llamado el sanitario y Lazarito

La gente

El conjunto de personas que conformaban la unidad ubicada en Guasimal era muy variado. Había de todas partes, denominaciones religiosas e incluso, algo que me sorprendió, personas cuya juventud ya era un recuerdo, como Pedro Bringas, el cocinero, que con 60 años de edad había sido movilizado por los Comités Militares. Las intenciones del régimen eran claras, sacar de circulación a todo aquel que le molestara. La ley del SMO no era más que un método represivo.

Estábamos divididos en escuadras, cada una dirigida por un cabo que al igual que nosotros era un elemento perteneciente a las UMAP. Muchos, eran abusivos a cambio de prebendas. Nada nuevo si se tiene en cuenta que hay cárceles que utilizan a algunos prisioneros para reprimir a sus compañeros.

Como en el ejército, las escuadras estaban formadas por varios pelotones comandados por sargentos y compañías comandadas tenientes. Batallones y Agrupaciones que dependían del Estado Mayor de Camagüey. El jefe de la agrupación Vertientes, en aquellos momentos, era el capitán Zapata y el jefe de planas[32], el capitán Benítez.

Entre nosotros había un grupo de expulsados de la Universidad de Oriente. Justo por ese tiempo se comenzaba a difundir el lema: "Las Universidades son para los revolucionarios". En ellas se llevaron a cabo purgas bajo el nombre de asambleas de depuración, donde los más retrógrados acusaban a todo el que no comulgara con la revolución. Dichas asambleas no eran más que un derroche de odio y vulgaridad donde los envidiosos –siempre he creído que las revoluciones arrastran a ese tipo de gente–, arremetían contra los que gracias a sus esfuerzos y talentos no necesitaban cubrirse con el manto de la política. Muchos de los mejores expedientes fueron expulsados. Como era de esperar aquellos estudiantes tenían un nivel cultural muy superior al de los políticos, por lo que las peroratas revolucionarias de estos últimos siempre les causaban risa.

Como los barcos y los aviones son las mejores maneras de escapar de un régimen opresor, no podían faltar los grupos que representaran dichos intentos de fuga. El primero de ellos estaba conformado por antiguos trabajadores de Cubana de Aviación, que fueron llevados a las UMAP

---

[32] *Encargado de la ubicación y control de los reclutas.*

después de uno de ellos apellidado Betancourt intentara robar un avión. Terminó fusilado.

El otro grupo estaba formado por miembros de la Marina de Guerra expulsados de esta a raíz de un incidente en el que la tripulación de una lancha cohetera Komar, tomó de rehenes al capitán y al político de la misma, con la intención de escapar a Miami. El intento fue abortado. Los que no murieron en la operación de rescate fueron llevados al paredón, dando lugar a una purga dentro de la Marina de Guerra.

Para justificar la idea de que los recluidos allí éramos lacras sociales, en las unidades también había delincuentes comunes. El más conocido de ellos fue *Eleguá*[33], que llegó a las UMAP desde la granja correccional de menores de Jaruco.

Eleguá, cuyo nombre era Alberto de la Rosa, era un joven negro abakuá[34] razón por la cual fue el protagonista de un triste episodio. Como contraparte de la historia está el teniente Mora Rizo, alias *Montero.*

---

[33] *En la religión yoruba Elegguá o Eleguá «como mayormente se dice en Cuba» es el orisha que manda en las encrucijadas, quien, simbólicamente, abre los caminos. Es, además, un guerrero. Sincretizado con san Lázaro en la religión Católica. (N.E.)*

[34] *La Sociedad Secreta Abakuá, con fuertes raíces africanas, fue fundada a principios del siglo XIX, en Regla, La Habana. La inclusión de los blancos no llega hasta 1836 gracias a Andrés Petit, un conocido ñáñigo, nombre que reciben los que pertenecen a ella. Tiene un reglamento estricto regido, principalmente, por el honor de sus cofrades. Es una sociedad netamente machista pues sus miembros solamente son hombres. (N.E.)*

Montero era un tipo grosero que disfrutaba con ofender, sobre todo a los miembros de su compañía, donde se hallaba *Eleguá*, hasta que un día se equivocó con este y le mentó la madre. *Eleguá*, fiel a sus creencias, lo agredió con un machete dejándolo mal herido. Éste fue enjuiciado por el MINFAR[35].

Llegado el día de cumplir con la sentencia, frente a todas las compañías cercanas, allí reunidas, le hicieron cavar su propia fosa. Cuentan que al terminar pidió que ¡un hombre...! le diera un cigarro. Llegó hasta él un guardia y le ofreció uno, a lo que el alegó: "Yo dije: ¡un hombre!", y no se lo aceptó. Salió de filas un confinado y le ofreció uno, siendo aceptado en esta ocasión. Minutos después fue ejecutado detrás de los baños de la unidad llamada Los Sitios. Junto a los presentes se hallaba su padre. Dicen que cuando el fiscal le preguntó si estaba arrepentido de lo que había hecho, éste le respondió que no, que si el teniente lo volviera a ofender, él lo volvería a machetear. Duro que era el muchacho.

Había también campesinos y simples vecinos de cualquier vecindario de Cuba, que por el solo

---

[35] *Ministerio de las Fuerzas Armadas Revolucionarias.*

hecho de caerles mal a los presidentes de los CDR[36], también fueron llevados para Camagüey. Hubo un caso, ocurrido a uno de ellos, que me tocó muy de cerca. Mi hamaca estaba colgada al lado de la de un muchacho de Guantánamo que ya estaba enfermo el día en que llegué. La fiebre no se le quitaba y sudaba tanto que sus amigos del pueblo que estaban allí, lo levantaban entre todos para voltear la hamaca, que se llenaba de sudor. Nunca supe su nombre. Aún así el teniente *Caballo Loco* quería enviarlo al campo a trabajar. Decía: "A este con una inyección de campo se le quita todo". Así marchaban las cosas en aquel lugar.

Al segundo día de estar en el campamento se me acercó uno de sus amigos y me preguntó si quería unirme a ellos en un paso de jicotea[37] y así, reclamar que lo llevaran al médico. Acepté. Para mí no fue nada difícil, ya que nunca lograba cumplir con la meta; además, era una causa justa.

Dicho y hecho, ese día nadie de la compañía # 3 cumplió la norma. No nos llevaron a almorzar,

---

[36] *Los CDR (Comités de Defensa de la Revolución) fueron creados el 28 de septiembre de 1960 con el objetivo de que cada barrio estuviera dedicado a la vigilancia de sus mismos habitantes. (N.E.)*

[37] *Como aquellos jóvenes no podían negarse a ir al campo so pena de más maltratos, entonces trabajaban lentamente. A eso se le denomina 'paso de jicotea', una forma de protesta que consiste en bajar el ritmo de trabajo de manera tal que la producción se vea afectada. (N.E.)*

nos dejaron en el campo hasta caída la noche que nos regresaron al campamento. Al llegar comprobamos que habían reforzado la guarnición, con más soldados traídos desde Guayabito, donde estaba la jefatura del batallón. Se encontraban en el patio cerca de *Caballo Loco*, nuestro político, el jefe de batallón y el político del mismo. Nos hicieron dejar los machetes en la entrada y fuimos rodeados por los soldados, armados con rifles. No se presagiaba nada bueno. El jefe de batallón comenzó a insultarnos diciendo que parecía mentira que nosotros que nos las dábamos de machos no habíamos sacado la norma y las niñas de La Unión[38] sí. Un negrito santiaguero del barrio de Los Hoyos, cuyo número era el 109, pidió permiso para hablar y le fue concedido. Comenzó diciendo:

—Jefe de batallón, tenemos a un compañero enfermo hace ya varios días y el teniente le niega la asistencia médica. Según el sanitario, anoche rompió el termómetro, debido la fiebre que tiene. Así, en esas condiciones, el teniente quiere enviarlo al campo, por lo que mientras no lo envíen al médico, aquí nadie va a sacar ninguna norma.

---

[38] *Las niñas de la Unión, así llamaban a los homosexuales, los cuales habían concentrado en un campamento, al otro lado del pueblo de Vertientes.*

¡Ardió Troya...! El tuerto del político del batallón, con sus eternos espejuelos oscuros, sacó la pistola gritando: "¡Sedición..., sedición...!" Los soldados rastrillaron los rifles con bayonetas caladas. Aquel sonido de *clac, clac* a nuestras espaldas nos erizó todos los pelos del cuerpo. La cosa se puso color de hormiga, un solo movimiento equivocado y sabe Dios qué habría pasado. El 109 gritó:

—Aquí no hay sedición, nosotros queremos trabajar, pero también que lo lleven al médico.

El jefe del batallón calmó la situación, ordenando a los soldados bajar los rifles y prometiendo que nuestro compañero sería llevado a que lo atendieran los médicos. Acto seguido permitió que los amigos del joven lo cargaran y, junto al sanitario, lo pusieran en la cama de un camión que partió directo a Vertientes.

—Espero, entonces, que mañana trabajen el doble. –Nos dijo–. Yo ya hice mi parte, les toca a ustedes cumplir con la suya. Rompan filas y tranquilos. –Gritó.

Según Miguel, el sanitario de nuestra compañía, al llegar a Vertientes, el afamado Dr. Jorge Tablada –igualmente castigado como miembro de las UMAP, pero éste trabajando en el policlínico de Vertientes–, ordenó que fuese trasladado de urgencia al Hospital Militar de la ciudad de Camagüey. El joven paciente tenía afectados los riñones con leptopirosis, enfermedad transmitida por el orine de los ratones. Cuenta Miguel que al salir el jeep para Camagüey, el galeno le comentó que habían esperado demasiado para darle atención médica y que, lamentablemente, según su diagnóstico no llegaría a seis horas. Estaba en lo cierto, no llegó a cuatro.

Se dice fácil, pero han pasado más de 40 años y no olvido ese hecho, sobre todo cuando me hablan de la benevolencia de la Revolución Cubana.

El gobierno cubano ha fracasado en sus planes agrícolas, mas no en el odio que ha sembrado en el corazón de muchos. Se nos acusa de ser intransigentes, pero de qué forma se puede reaccionar contra quienes no han cambiado ni se han arrepentido de todo el mal que han hecho. Para ellos, ¿qué valor tiene la vida de un ser humano? Al parecer ninguna.

Este muchacho era dueño de un camión de volteo con el que trabajaba acarreando materiales de construcción. Fruto de su esfuerzo, en su casa, tenía ciertas comodidades. Motivo, más que suficiente, para que los chivatos de los CDR lo denunciaran, acusándolo de que hacía negocios ilegales. Por esa razón fue recogido y enviado a las UMAP. La palabra de un revolucionario estaba por encima de cualquier prueba a favor de los acusados. Una joven vida truncada por culpa una absurda ideología, que se ensaña contra todo aquel con sueños y aspiraciones de progreso. ¿En la conciencia de quién pesará esta muerte?

Formaban parte de los reclutados: católicos, testigos de Jehová, bautistas, adventistas, pentecostales, episcopales, en fin, toda una amalgama de denominaciones religiosas. Cualquier creyente, desde el más beato hasta pastores, curas y obispos podía ser reclutado para las UMAP. No les fue suficiente con cerrar los seminarios y dejar muchas iglesias sin sus líderes. Trataron de arremeter contra todo vestigio religioso. Tenía que hacerse, Carlos Marx había dicho: "La religión es el opio de los pueblos".

No hubo sector de nuestra sociedad que no se viera afectado por la represión. Intentaron sofocar todo indicio de independencia en el pueblo. Pensaron que podían vencer, pero chocaron con la realidad de que en cada ser humano arde la llama de la libertad, a pesar de las fuerzas que se le opongan. En lo que a mí respecta, me alegro de pertenecer este grupo de los que preferimos pagar el precio y desafiar con nuestra actitud, el poder absoluto de la Revolución. Por eso existieron las UMAP.

Las niñas de La Unión

Como muchos jóvenes de mi edad, mi país y mi época, sentía cierta reticencia contra los homosexuales. No por falta de sensibilidad, sino por ignorancia y porque casi nadie puede sustraerse, menos a esa edad, a los conceptos de la cultura imperante. Pero, ¿quién es el ojo para juzgar cuando ni siquiera han mediado unas palabras? En esa situación conocí a varios homosexuales cuya calidad humana contradecía mis ideas acerca de ellos. Esto me ayudó a madurar. Tal vez, con lo siguiente pueda ilustrar mejor lo escrito.

Anteriormente referí que en nuestro batallón había una unidad en que estaban concentrados los homosexuales o los que ellos consideraron "flojitos". El campamento se llamaba La Unión, y estaba algo retirado de Vertientes. La oficialidad cada vez que se refería a esa compañía, usaba el calificativo de "las niñas de La Unión". Este grupo, como el de los testigos de Jehová «aunque por diferentes motivos», fueron un ejemplo de resistencia y valor ante las torturas físicas y sicológicas a las que fueron sometidos.

Es bueno aclarar que algunos oficiales considerados "súper machos" y, encargados de la represión en esas unidades "especiales", fueron removidos de sus puestos, y juzgados penalmente por el MINFAR, por haber tenido relaciones sexuales con los reclutas a su cuidado. Los confinados de esas unidades, tenían unas armas que usaron con mucha eficacia contra los cuadros de mando: el chantaje y la desmoralización. Quizá lo que digo parezca grosero, pero en este relato no quiero omitir nada de lo que conocí en el tiempo que estuve allí.

Mi único contacto personal con esa unidad fue en octubre de 1966 debido a un huracán que amenazaba con pasar por la provincia de Camagüey. Las autoridades concentraron a los reclusos de las unidades alejadas de los centros de población en las más cercanas a estos. Como Guasimal era la unidad más cercana a Vertientes, trajeron la compañía de La Unión a compartir la barraca con nosotros. Para eso nos hicieron mudar a todos los de la tercera compañía hacia un lado, cediéndoles un ala de la barraca. Después, establecieron dos postas de la guarnición en medio de ambas tropas, para evitar todo contacto con ellos. Estaba prohibido pasar de un lado para otro de la barraca. Todo era un absurdo si se tiene en cuenta que las planchas de zincs de dicho refugio habrían salido desprendidas, como guillotinas voladoras, aún con un viento platanero.

Nadie fue a trabajar mientras duró la alerta de huracán. Por ese tiempo me hallaba en reposo sobre mi famosa cama de palo, teniendo tiempo de sobra para observar a aquellos a los que nadie quería que los compararan con ellos. Debo decir que nuestra ropa interior, eran unos shorts verde olivos largos y anchos, pero la de ellos no. La habían modificado haciéndose bikinis y con los sobrantes, algunos hasta se habían confeccionado *brasieres*. Eso lo pude observar, porque en su lado de la barraca organizaron un desfile de modas donde mostraron sus creaciones. Nosotros estábamos muertos de la risa, viendo a los políticos de ambas compañías tratando de impedir el show.

Generalmente nos referíamos a ellos como los pájaros, entre los cuales los había de toda clase de plumas. Algunos formaban un plumerío al hablar y manifestarse. Otros, mantenían una conducta moderada y trataban de pasar desapercibidos, acorde a las circunstancias que nos había tocado al compartir, por simple juego del destino. Entre ellos estaba Manolito, de Santiago de Cuba. Con cierta fama debido a que era dueño del más conocido burdel de Oriente, famoso por tener las mujeres más bellas.

Otro de ellos era *la Marquesita,* un hombre mayor de modales delicados que, según él, estaba emparentado con los marqueses de Lugo, en España. Por las pocas palabras que intercambié con él me pareció una persona muy culta. Junto a ellos se encontraba el encargado de entregar los esperados "salarios" de 7 pesos al mes. Cuando llegaba a nuestra compañía nosotros agarrábamos el dinero y ya. Pero, cuando iba a La Unión ellos comenzaban a gritar: «llegó la muchacha de la valija», haciendo referencia a una pieza instrumental de moda en ese tiempo, ya que el pagador siempre llevaba un portafolio con el dinero.

También recuerdo a uno pelado a rape, cosa no común en ese tiempo, al que le decían *la Pelona,* quien cada vez que tenía un poco de pelo «sin nadie explicarse como lo hacía» se daba un tinte rubio. Por eso, el teniente al mando de esa compañía, con la ayuda de dos soldados que lo sujetaban, personalmente le afeitaba la cabeza.

Por último, no faltaron bailarines de ballet y travestis. De los primeros se salvaron los miembros del Ballet Nacional de Cuba, puesto que su directora, la célebre Alicia Alonso, les había tirado la toalla[39]. Entre los otros había excelentes imitadores de algunas artistas y cantantes de

---

[39] *Expresión popular que significa: ayudar.*

moda. Uno de ellos cantaba muy parecido a Blanca Rosa Gil tanto que, de escucharlos a los dos, habría sido muy difícil distinguir quién era quién. Desde luego no faltó quien imitara al ídolo por excelencia de muchos homosexuales cubanos, la gran vedette Rosita Fornés.

No hubo tiempo para aburrirse en esos dos días, pues entre los sofocones de la guarnición y los políticos por mantenernos aparte, y los shows artísticos que nos regalaban estos individuos, le dieron una tónica fuera de lo común al campamento Guasimal. Pasada la situación de emergencia, llevaron las unidades a sus respectivos campamentos, volviendo a lo que se pudiera llamar "la normalidad", si fuere normal el trabajo forzado con el que nos teníamos que ver la cara diariamente.

La experiencia adquirida en nuestro trato con los confinados del campamento La Unión, nos hizo ver que eran personas sometidas a una represión y un ensañamiento todavía más terrible que el de nosotros, y todo debido no a una doctrina política o religiosa distinta de la imperante, sino al solo hecho de sentir diferente.

Mucho se ha tratado de denigrar el régimen a los que estuvimos en las UMAP, diciendo que todos éramos homosexuales. Pero, si vamos a los números, podemos decir que en cada batallón de los 30 existentes en Camagüey, había una compañía de ellos. Es decir, 120 elementos conformando tres pelotones por compañía. Cerca de 3600 homosexuales a los que la oficialidad se refería como: maricones de mierda.

Distintas clases de jefes

Es sabido que en las UMAP, desde el simple recluta hasta los jefes de agrupación eran castigados, por los más variados motivos. Aún los que hacían de guarnición para mantenernos tras las alambradas, sabían que en cualquier momento podían ocupar un lugar del otro lado de la cerca. Algunos eran extremistas y abusadores, quizá, para tratar de "limpiarse", es decir, ocultar con su conducta lo mal hecho, el porqué estaban allí. Otros, por resentimientos o frustraciones, la emprendían contra nosotros, quienes, en ese momento, representábamos el eslabón más débil de esa cadena.

En la nuestra compañía había cuatro sargentos, uno por cada pelotón y otro a cargo de la guarnición. Cada uno reflejaba su personalidad, obrando de diferente manera. Así los recuerdo:

A cargo de nuestro pelotón se encontraba un sargento de apellido Fumero. Era cabezón, con una quijada prominente y andar, como si siempre estuviese cansado. Decía ser de El Cerro, en La

Habana. Era, también, un tipo dicharachero y, aunque hacía que se cumplieran las órdenes, no tiraba de la soga con tanta tensión como para que se rompiera a la hora de imponer disciplina. En el campo se recostaba a la sombra de cualquier árbol en las guardarrayas, dejando en manos de los cabos, el hacernos trabajar. Al único que llevaba recio era a Luis, el testigo de Jehová, a quien, por orden expresa del teniente, vigilaba para que éste no llevase sombrero ni bebiese del agua de la cantina «el agua era para los que trabajaban». Querían hacerlo flaquear en su posición de no ponerse uniforme ni de trabajar en el campo. Muchas veces Luis llegaba al campamento con la cabeza partiéndosele del dolor por la insolación.

Fumero nunca portaba armas y conversaba con cada uno de los miembros de su pelotón, como uno más de nosotros. Trataba de que no le creáramos problemas, pues su objetivo era poder desmovilizarse tan pronto como pudiera. Cuando las piernas se me empezaron a dormir y comencé a quedarme rezagado en la formación «me costaba trabajo mantener el paso en los caminos fangosos o irregulares», el sargento me esperaba hasta que lograba regresar al campamento, tiempo después de que el pelotón había arribado. Fue él, quien intercedió con el teniente Cutiño para que me viera el médico en su próxima visita. No sé, por qué motivo estaba allí, pero si puedo decir, que tenía tantas ganas de salir de ese sitio como nosotros.

El sargento de la guarnición, era un oriental achinado al que veíamos muy pocas veces. Vivía en la casa que hacía de jefatura fuera de las alambradas de Guasimal. Salía de allí, solo en casos extremos, como el día en que ordenó a la guarnición rastrillar los rifles cuando el político de batallón gritó: "Sedición...". Al parecer nos quería mantener al margen, para no verse salpicado con nuestra "inmundicia" política.

El jefe del tercer pelotón era un sargento del que no supe ni su nombre. Era un negro que ni teñía ni daba color, es decir, alguien que cumplía con lo suyo. Era de muy poco hablar, como a quien no le queda más remedio que hacer lo que tiene que hacer.

El sargento López era blanco, de pelo castaño, cara redonda, ojos pequeños, y panzón. Parecía un radar siempre mirando para todos lados. Tenía a su cargo el segundo pelotón, pero se inmiscuía en todo, al cabo de restarles autoridad a los otros jefes de pelotón. Era el azote de los más indefensos. Jorge, Luis y hasta yo mismo, pudimos sentirlo sobre nuestras espaldas. Recuerdo cuando acabado de llegar al campamento y confrontamos el caso del guantanamero, fue López quien azuzó a *Caballo Loco* para que enviara a trabajar al pobre joven convaleciente, algo que después intentó hacer conmigo pero no pudo, pues yo estaba en las manos de un capitán médico, que excedía su capacidad de mando.

No entiendo el porqué actuaban de esa manera si cuando al campo llegaba una orden de la jefatura de que nos habían suspendido el almuerzo, les tocaba compartir nuestra hambre y nuestra sed.

El teniente Cutiño era un oriental de piel trigueña, con nariz aguileña y una panza tan abultada, que el cinto le quedaba por debajo de ella. Tenía una forma de caminar peculiar, algo zambo, pisaba como si estuviera aplastando huevos. Cargaba siempre una pistola Browning, la que no dejaba ni para ir al baño. Era, además, de honestidad dudosa, pues en el tiempo cuando estaba rebajado de servicio y podía dormir durante el día, pude ver de madrugada como extraía de nuestros abastecimientos para llenar su carro.

El político de compañía era un guajiro villareño, flaco, de nariz fina y voz aguda, con una entonación peculiar en lo lento de su hablar. Había pasado por alguna escuelita de orientación revolucionaria. Su capacidad política siempre estaba en cuestionamiento por los universitarios que había en nuestra compañía quienes, con sus preguntas aparentemente tontas, lo ponían en aprietos. Lo dejaban tan atolondrado que no sabía si el marxismo se llamaba así por Marx o porque lo inventaron en el mes de marzo. El pobre, era, como muchos de ellos, de extracción campesina. Sólo Fumero y López tenían algo de escolaridad.

Los cabos de nuestras escuadras requieren un párrafo aparte. Por ejemplo, el cabo de mi escuadra era un muchacho campesino de Baracoa, delgado, de nariz ancha, piel quemada por el sol y de poco hablar. Cuando lo hacía «más le hubiera valido no abrir su boca» siempre mostraba su poco saber.

En una ocasión, con alarde, hizo referencia a que Baracoa había sido el primer pueblo de Cuba. Lo cual es cierto, pero era la manera en que lo decía lo que lo hacía chocante. Todos los miembros de su escuadra comenzamos a bromear con él. Algunos le dijeron algo que no podía negar: Baracoa estuvo por muchos años tan aislada, que sólo se podía llegar a ella a través del mar, pues por tierra era muy difícil, antes de que construyeran una carretera. Cuando más enfrascados estábamos en la conversación, se me ocurre decirle: "Fíjate si Baracoa estaba adelantada, que fusilaban a las gentes con tirapiedras, por no saber lo que era un rifle". Desde luego que eso no es cierto, pero lo dije por molestarlo.

De nuevo mi boca me llevó a la perdición, porque el sargento López oyó lo que yo dije y me reportó con el teniente por faltarle el respeto al cabo. Me vi nuevamente en la cocina. Después de cada comida tuve que fregar calderos por una semana, mientras los otros descansaban.

Había otro cabo de apellido Trueba, de Holguín, quien se las daba de simpático. Era alto, flaco y desgarbado. Siempre haciendo bromas pesadas, a costa de nosotros.

Nuestros cabos eran tan prisioneros como nosotros, quienes se dejaban nombrar de cabos para evadir la presión de trabajo. Al llegar la zafra, todo el mundo tuvo que agarrar la guámpara «machete» y cortar caña. Soy incapaz de criticarlos, ya que la ley de la supervivencia era la que imperaba allí.

Testigos...

Todos fuimos testigos de los abusos cometidos.

En Guasimal conocí a Luis, un dentista de Guantánamo que era testigo de Jehová. Como, de acuerdo con su religión, no se ponía el uniforme y se negaba a trabajar, los jefes lo castigaban. Esto consistía en llevarlo al campo y pararlo en la guardarraya, sin sombrero, sin poder tomar agua ni sentarse todo el tiempo que nosotros estuviésemos trabajando. ¡Y todavía el Gobierno dice que en Cuba no se ha torturado a nadie...!

Según me narró el mismo Luis, hubo testigos de Jehová en otras compañías a los que les pegaban con mangueras. Debido a eso, uno de ellos había perdido un ojo. A otros, como castigo por no querer uniformarse, los lanzaban a letrinas llenas de excrementos, que les daba hasta el pecho, algo parecido a lo que habían sufrido los presos políticos en Isla de Pinos. Los hacían limpiar una zanja donde desembocaba todo el drenaje del presidio y, también, el de unas cochiqueras cercanas. Tenían que hacerlo con las manos. A eso se le suma que los guardias, con unas bayonetas que medían 16 pulgadas de hoja «la de los viejos fusiles Springfield 1905» por mero deporte, les pegaban en la cabeza para que tuvieran que sumergirse en esas aguas negras.

A otros testigos de Jehová los llevaban al campo y fingían que los fusilaban, haciéndoselos creer a los que quedaban en el campamento. Luego les decían que si no querían correr la misma suerte tenían que ponerse los uniformes y trabajar. Al negarse, volvían a agarrar a otro y repetían la mascarada del fusilamiento. Ninguno aceptó, aunque no sabían que solo era un simulacro.

Dicen que la prisión es la universidad de la vida. Si eso es verdad, entonces nosotros estábamos en el preuniversitario, con cursos avanzados. En la escuadra donde estaba había un hermano pentecostal que tenía más de 50 años de edad, muy pausado para hablar y hasta para moverse, a quien la tropa le puso el mote de Tiempo *Muerto*[40], por sus movimientos lentos. Pude disfrutar de su compañía, cuando nos dirigíamos en el amanecer hacia el campo de trabajo. No sabía los motivos por los que estaba allí. Más tarde me enteré de sus propios labios, el porqué había sido reclutado, solo por el hecho de

---

[40] *Así se le llama a los seis meses de inactividad después que los centrales azucareros terminan la molienda. Permaneciendo activas solo las funciones de reparaciones.*

ser diácono de su iglesia. Él hacía labores de evangelización en la zona de Oriente donde residía.

Una mañana me sentí motivado a entonar un himno titulado: *A solas al Huerto*, que cantara muchas veces en el coro de mi iglesia bautista.

A solas al huerto yo voy
Cuando duerme aún la floresta
Y en quietud y paz con Jesús estoy
Oyendo absorto allí su voz.

Él, conmigo está, puedo oír su voz
Y que suyo dice seré
Y el encanto que hallo en él, allí
Con nadie tener podré.

Cuando más entonado y absorto estaba, disfrutando de la campiña envuelta en esa bruma matinal, siento que me hacen dúo, era mi hermano el diácono. A partir de ese día siempre fuimos de camino al campo cantando himnos.

Es difícil no ser motivado a sentirse cerca del Señor, al ver un amanecer, respirar ese aroma de tierra húmeda y ver brillar los rayos del sol en las gotas de rocío, que penden de las hojas de las cañas. Oír el trinar de los sinsontes y sentir la brisa golpeando en nuestros rostros. Aún en nuestra situación, teníamos el privilegio de alabar la creación de Dios.

Además, había dos adventistas, campesinos ellos, largos[41] con en el machete en la mano. Todos los días sacaban hasta más de dos normas, pero el sábado, ni arrastrándolos con una yunta de bueyes los hacían trabajar[42]. No importaban las presiones o amenazas, el sábado no disparaban un chícharo para nadie. Luego, al comenzar la zafra, como el corte generalmente se hace en parejas el teniente Cutiño «quien sucedió a *Caballo Loco*» los puso juntos. Dando por resultado que, aún sin trabajar los sábados, eran la pareja más productiva cortando caña, los dejaron tranquilos.

Yo tenía un *Nuevo Testamento* de bolsillo que solía leer en la hamaca, hasta que un día me lo arrebataron. Al pararme, rápidamente, me enfrenté al político, diciéndole:

—Usted no tiene derecho a quitarme mi propiedad.

—Yo tengo el derecho que me ha dado la Revolución, de incautar todo material religioso dentro de una unidad militar. —Me respondió con

---

[41] *Ser un largo: expresión que describe a una persona con mucho aguante en el trabajo y que además es muy productiva.*
[42] *Los adventistas guardan el sábado como día de reposo.*

una sonrisita socarrona a la vez que agregó–. Así que el doce también es batiblanco[43].

—No, político, no soy gedeonita. –Le respondí.

—Entonces, ¿qué eres, Pancho Costal?

—No, político, tampoco soy pentecostal.

Como yo había sido llevado desde el ejército regular no sabía de mi fe cristiana y el político estaba dudoso, si algún cristiano de los que estaban en el campamento, me había entregado el libro.

—Entonces, ¿qué eres?

Estaba al tanto de que el poco conocimiento de este individuo sobre religiones, lo hacía fácil para trajinarlo[44].

—Soy cristiano, de una de las muchas denominaciones que existen.

—Pero, ¿de cuál? –Siguió indagando.

Yo no soltaba prenda[45] y no le dije que era bautista, pensando que tendría alguna ventaja para dominar la situación.

—Con el cristiano es suficiente. –Le contesté

—¡Pues, me llevo el libro y se acabó...!

Fue algo así como el niño que siendo dueño de los guantes y la bola, amenaza a los demás con acabar el juego si no lo dejan jugar en la posición

---

[43] Nombre despectivo con que algunos se refieren a los miembros del Bando Evangélico de Gedeón, debido a que usan vestimenta blanca.
[44] Poder burlarse de él con relativa facilidad. (N.E.)
[45] No soltar prenda: no decir nada.

deseada. De igual manera, el político se llevó mi *Nuevo Testamento*, quizá con la de que no jugara más. Es decir, la tonta idea de que sin él se iba a debilitar mi fe.

Una vez al mes les permitían a nuestros familiares venir a visitarnos. En una de esas visitas, ocurrió el incidente que les narraré a continuación.

La esposa y el hijo pequeño de Luis fueron a visitarlo, pero a éste no le permitieron salir del campamento para contactar con sus familiares. Ella confrontó al teniente, reclamando el derecho de ver a su esposo. A lo que le respondieron que tendría el derecho de verlo en cuanto Luis se pusiera el uniforme, que si quería verlo lo convenciera de tal cosa. La discusión fue subiendo el tono y nosotros nos acercamos a las alambradas. El niño «de entre 7 u 8 años de edad», aprovechando que toda la atención estaba concentrada en la discusión entre su mamá y el teniente, se acercó a las alambradas llevando en sus manos unos caramelos, los que ofreció a su papá a través de los alambres, diciéndole entre lágrimas: «Toma papi, toma papi». Luis aprovecho el descuido para besar las manos de su hijo. El político, al darse cuenta, llegó donde estaba el niño, le retiró las manos de entre los alambres y empujándolo, lo llevó al lado de su madre, mientras este repetía sollozando: «¡Papi..., Papi...!». Luis quedó con su rostro bañado en llanto.

Los que estábamos cerca del incidente comenzamos a gritar exigiendo que les permitieran verlo. El político le hizo una señal al guardia que estaba en la posta del portón. Éste, descolgó el rifle de sus hombros y nos amenazo ordenándonos callar. Todos los confinados teníamos la sangre hirviendo. El enojo nos nubló la vista y, a más de uno, se nos salieron lágrimas de impotencia. El político, tuvo a bien ese día no traspasar las cercas hacia nuestro lado, pues sabía de nuestra indignación era manifiesta.

Entonces, la esposa de Luis fue a la agrupación de Vertientes y allí se pudo entrevistar con el capitán Benítez «muy parecido a Antonio Maceo»[46], que era el jefe de planas. Éste le concedió el permiso para poder ver a su esposo. Ese día Luis pudo abrazar a su esposa e hijo.

---

[46] *El lugarteniente general Antonio Maceo Grajales el Titán de Bronce (1845-1896), segundo jefe del Ejército Libertador en contra del gobierno español de Cuba. (N.E.)*

De izquierda a derecha: Luis «Testigo de Jehová», dentista de Guantánamo junto a su esposa e hijo; Hilda Blanco, madre del autor junto a él; Armando y su mamá, Lazarito y uno de los muchachos adventistas.

Debajo, agachados: el campesino que nos facilitó la casa para reunirnos; José de la Luz, padre del autor y otro muchacho adventista.

Rebeldía

Muchos podrán pensar que las UMAP se hallaban constituidas por personas que, cual rebaño de carneros, estábamos dispuestos a ser degollados de la forma más sumisa, pero están equivocados de plano. No hubo un solo momento que no buscáramos el modo de manifestar nuestra inconformidad con la suerte que nos quisieron dar, ya fuera con desobediencia o sabotaje. A veces, en la limpia de caña las cortábamos y volvíamos a enterrar, para que pareciera que estaban vivas. Otras, a través de la tea justiciera aplicada a los campos de caña. O, como en una ocasión, quemando un campamento por completo.

Según mi amigo Juan Carrillo, al cual conozco desde que teníamos cinco años de edad, cuando estábamos juntos en la escuela dominical, y quien fuera enviado a las UMAP en su primer llamado, por el solo hecho de ser cristiano, miembro de una iglesia bautista; permaneciendo en ellas hasta el día en que las UMAP dejaron de existir, por lo menos de nombre, el campamento Manga Larga #5 fue incendiado. El hecho comenzó con la quema de varias miles de arrobas de caña. Las autoridades del campamento quisieron utilizar a dos de los confinados como chivos expiatorios, echándole la culpa del hecho, sin tener pruebas. Toda la compañía se declaró en huelga de hambre en solidaridad con sus compañeros, terminando por darle candela al campamento. Solo se pudo salvar la guitarra de *Coy.*

Los *"candelíferos"*, así les llamaron en las otras unidades a donde fueron enviados los miembros del campamento en cuestión. Fue de esa forma que Juan conoce a *Coy,* un personaje que se hizo popular por componer lo que se conoció con el nombre de "Himno de las UMAP". Su trato fue por poco tiempo, pues el *Coy* fue enviado después a una disciplinaria. «Así se llamaban las unidades de castigo donde eran enviados los sancionados por el departamento jurídico». Llegó el momento que fueron tantos los castigados, que tuvieron que cambiar su política y se dictó una resolución del Ministro de las Fuerzas Armadas, dando una amnistía general a los reclutas, tanto de las UMAP como del Servicio Militar regular. La letra de la canción de *Coy* es esta:

Si estando yo en Camagüey
En una granja ubicado
Sometido y maltratado

Por el comunismo cruel
Pasando tanto trabajo
Que casi no resistía
Y solamente mi hombría
Me ayudaba a continuar.

CORO: Cuando la gente pregunte
¿La Siberia donde está?
Contéstale con firmeza
Que allá en Camagüey está.

Tristeza da recordar
Aquellos tristes momentos
Donde tanta juventud
Parecían hombres muertos.
Y llenos de desconcierto
Imploraban ante Dios
Y confusos les decían
El por qué los castigó.

CORO: Cuando la gente pregunte
¿La Siberia donde está?
Contéstale con firmeza
Que allá en Camagüey está.

Mi alma triste y tronchada
No quiere acordarse más

De aquella furia tenaz
Que sobre mí pasaba.
Fue tanto lo que sufrí
Por las cosas de la vida
Que mi alma estaba abatida
No quiero acordarme más.

CORO: Cuando la gente pregunte
¿La Siberia donde está?
Contéstale con firmeza
Que allá en Camagüey está.

La música la desconozco, pues la persona que me hizo llegar la letra, tiene el oído cuadrado y desafina en todas las notas de la escala musical. Quizás alguien que haya estado en alguno de los campamentos de ese batallón pueda acordarse de la música con que la cantaban, aunque creo que la letra dice por sí sola el sentimiento generalizado de orfandad de justicia, común en las UMAP. La aptitud de los confinados era, de por sí, un reto constante frente a la ignominia que intentaba doblegarnos, siendo muchos los testimonios que muestran cómo respondíamos a las propuestas de aceptar que nuestra posición era un error.

La iglesia bautista del pueblo de Cruces, en la provincia de Las Villas, tenía un grupo de jóvenes muy entusiastas y trabajadores que, cuando los pastores bautistas fueron apresados[47], continuaron por su cuenta con el trabajo de la congregación. Podrán imaginar que cuando comenzó las UMAP fueron muy pocos de ellos, los que salieron indemnes en ese grupo.

De ellos conocí a Ricardo *el Chino*, quien fue sacado de su puesto de trabajo, en el banco de Cruces, para ser llevado a las UMAP. Por gestiones hechas por la administración del banco lo llamaron a la agrupación y le ofrecieron su puesto en el banco de nuevo. Para ello tenía que renunciar a asistir a la iglesia, a lo que respondió: «No pierdan su tiempo conmigo y díganme cuando puedo regresar a la compañía».

Creo que de los religiosos llevados a las UMAP muy pocos desistieron de su fe así como muy pocos de los confinados, al salir de esos campos de concentración, se incorporaron a hacerle el juego a la Revolución. Yo solo conozco a dos: el sacerdote católico Jaime Lucas Ortega y Alamino[48] y el pastor bautista Raúl Suárez. Los demás, que yo sepa, se mantienen en una actitud

---

[47] *En 1963, muchos pastores bautistas fueron apresados, acusados de ser agentes de la CIA, así como de tráfico de divisas. Entre ellos hubo dos estadounidenses: el reverendo doctor Herbert Caudill y su yerno el reverendo Faith.*

[48] *Cardenal arzobispo de La Habana desde noviembre de 1994. (N.E.)*

de respeto al recuerdo de los que prefirieron los maltratos y las torturas antes que claudicar.

El pastor bautista Ernesto Alfonso cooperó con Enrique Ros[49], contándole su testimonio para su libro denuncia *La UMAP el Gulag Castrista.* Como él, católicos, adventistas, pentecostales y testigos de Jehová, han denunciado esa etapa pasada por alto, por muchos, pero nunca olvidada por la juventud cubana de aquellos años.

Hubo rebeliones personales, como en el caso de *Eleguá,* y colectivas, como la del campamento de Manga Larga, que han sido testimoniadas. Sin embargo, hay otras de las que no se conoce mucho, aunque la abundancia de condenas remitidas a las unidades disciplinarias, da buena cuenta de ello.

---

[49] *El señor Enrique Ros es un cubano exilado que ha escrito varios libros referentes al tema de Cuba. (N.E.)*

Trabajo voluntario

Teníamos que trabajar en el campo de lunes a sábado, jornadas de más de 12 horas. Los domingos, supuestamente, eran para lavar la ropa, escribir a nuestras familias y recuperar algo de fuerzas. Pero la realidad no era así. Los grandes cerebros del campamento idearon otro tipo de actividad para ese día, actividad que irónicamente llamaron: "trabajo voluntario".

Como nuestro trabajo consistía en todo lo relacionado con la caña de azúcar «chapear, aporcar, cortar...», la fabulosa idea consistía, en ir a recoger boniato, yuca, o lo que se les ocurriera. El dinero de los salarios devengados en esa actividad –según el político–, sería para un fondo común, para tener algo que brindarles a nuestros familiares cuando vinieran a visitarnos. Tal parece que nos creían muchachos creyentes en cuentos de hadas. Ni a Lewis Carroll se le hubiese ocurrido una historia tan inverosímil. No sé donde iría a parar, lo que ellos decían, sería usado con nuestros familiares. Lo cierto es que cada domingo nos llevaban a sacar viandas.

Como no había normas que cumplir en esas labores, la gente la cogía suave y no se esforzaba mucho. En verdad, cuando llegaba el domingo estábamos agotados por lo trabajado durante la semana. Deseábamos lavar nuestra ropa, para sentir algo limpio sobre la piel, pues los uniformes eran escasos. Quienes tenían dos camisas de trabajo eran ricos. Nuestras piezas de ropa se podían mantener de pie de tanto sucio que tenían encima. Los que vinimos de Barbosa, teníamos guardado nuestros pantalones verde olivo y podíamos cambiarnos después del baño, no así con las camisas, que a veces olían...

Recuerdo un domingo que fuimos llevados, en un tractor con varias carretas, a recoger yuca. Nuestra gente sacó algo de yuca, con la que se fueron llenando algunos sacos, los que se iban acumulando en medio del campo. Ya, como a las once de la mañana, empezamos a remolonear alrededor de la pila de sacos de yuca, esperando que dieran la orden de volver. Nos mandaron a formar para llevarnos al campamento y en ese momento apareció el teniente *Caballo Loco*, quien al ver «a su entender» una exigua cantidad de sacos, montó en cólera y parándose frente a la tropa nos dijo:

—Parece mentira que ustedes que son revolucionarios, hijos de obreros, de campesinos... ¿Creen qué esto es suficiente? A ver, que me sigan los que van a sacar más yuca conmigo. –Con la misma, se dirigió hacia los plantones de yuca y comenzó a arrancarlos como poseído por una fuerza demoníaca, haciéndole pagar a los cangres de yuca su enojo con nosotros.

Solo el número 81, que era un chivatón[50], fue en pos del teniente, aunque no llegó muy lejos. Un terrón de tierra del tamaño de una pelota de softball, salió volando desde algún sitio de la formación y le pegó al guataca[51] en medio de la espalda, haciéndolo caer despatarrado, como un aguacate maduro contra el piso. Todos nos echamos a reír, menos los de la guarnición que nos acompañaban y el teniente. Este al ver al 81 en el piso, dejó las yucas fue a recogerlo. Desde allí mismo nos increpó diciendo:

—Yo dije que ustedes eran hijos de obreros y campesinos. Lo que son es unos hijos de putas, partida de cabrones, degenerados y vagos. Llévenselos a pie para el campamento.

La distancia desde el campo de yuca hasta el campamento era como de 15 kilómetros. Todos «menos el 81, que fue llevado en la grupa del caballo que montaba el teniente», fuimos caminando con mas altivez que la de los soldados ingleses que construyeron el puente sobre el río

---

[50] Soplón, delator.
[51] Adulador.

Kuwait. No silbamos la melodía, pero sentíamos música en todo nuestro ser.

Cada pequeño reto, cada señal de desobediencia nos hacía sentir gigantes. De aquí que hicimos el camino de regreso al campamento, con sonrisas en nuestros rostros y sin importarnos el cansancio ni el dolor en los pies.

A partir de ese día, el 81 siempre dormía en la comandancia con la guarnición y trataba de evitar entrar en la barraca. Sabía que con nosotros no estaba seguro. Su aptitud le valió el no ir más al campo a trabajar. Se quedó haciendo trabajos menores para la oficialidad y la guarnición.

Después de ese incidente trasladaron a *Caballo Loco* para Guayabito y trajeron al teniente Cutiño a nuestra unidad. Este Cutiño era un poco más instruido que el anterior, pero también más corrupto. Muchas veces vi su carro, un Chevrolet Belair del 56, parqueado de marcha atrás, con el maletero abierto, en la puerta de nuestro almacén de suministros. No creo que fuera para airear el baúl de su automóvil, sino para llenarlo de los insumos destinados a nosotros, que de por sí, ya eran pocos. El hambre siempre estuvo acompañándonos, como esposa fiel.

El menú de nuestras comidas consistía, la mayoría de las veces, en arroz aumentado con unas pocas sardinas, acompañado de un caldo de chícharos con gorgojos, bien aguado. Si no, unos tronchos de anguila china, también con un arroz, que por mucho que se limpiara, siempre iba acompañado de piedras y semillas... O..., carne rusa, la que servían en cantidades exiguas. Decíamos que esta era carne de ave, de AVERIGUA qué es. En fin, una dieta "balanceada", solo cuando movíamos la bandeja, como acunando a un bebe. Si a esta dieta se le sumara la quema de calorías por la actividad física se tendría un plan para perder peso, "excelente".

Por suerte para nosotros, dejaron de llevarnos a esa pantomima de trabajo voluntario y tuvimos más tiempo para descansar. Usamos los domingos, después de hacer guardia vieja, para dedicarlos a nuestras cosas: escribir a nuestras casas, pintar y otros como yo, a escribir poemas. Mas, la alegría en casa del pobre dura poco, solo se mantuvo así hasta que comenzó la zafra.

Yo encontré en la poesía mi válvula de escape. Creo que la mayoría de los que tienen algún don, por pequeño que este sea, al encontrarse en situaciones extremas, dirigen sus ansias de libertad hacia su obra. Ese vicio de escribir poemas todavía me persigue. Según cuentan los que lo conocieron en Vega 2, el cantautor Pablo Milanés, también compuso bellas canciones estando en las UMAP.

Hay una pregunta que, en muchas ocasiones, ha surgido en mi mente ¿Cómo es posible que algunas personas que fueron víctimas de semejante carnaval de gobierno, hayan podido formar parte de dicho rejuego político? Me refiero, tanto a Pablo Milanés, como a otros que son parte de ese teatro llamado Asamblea del Poder Popular. ¿Tendrán mala memoria o es que se asimilaron en la doctrina *"pancistaleninista"*, para satisfacer su panza y su Ego?

Vísitas

Dice un chiste que el comunismo es una ciencia exacta como las matemáticas. Igual que esta tiene cuatro reglas básicas: suma muertos, resta los derechos, multiplica el trabajo y divide a las familias, y todo en una perfecta ecuación. En todo esto los comunistas son expertos, sobre todo en esto últimos.

La familia cubana ha sido afectada desde el comienzo del llamado proceso revolucionario, en que se ha visto separada por la ideología del odio. Primero, rompiendo los lazos fraternos, pues se daban casos en que algunos familiares estaban a favor del régimen y otros no. Cuando esto sucedía, era política del Gobierno que se rompieran las relaciones afectivas, ya que, según ellos, un verdadero revolucionario anteponía la Revolución por encima de todo, inclusive de su familia.

Luego, al comenzar el éxodo masivo de cubanos, llegaron a prohibir a los miembros del PCC[52] que mantuvieran correspondencia con sus

---

[52] El Partido Comunista de Cuba es el único partido político desde el triunfo de la revolución cuando Fidel Castro el 22 de mayo de 1961 anunció la formación de un partido único de la revolución. El 3 de

familiares exilados. Ya que todos, sin importar quienes fueran «padres, hermanos, hijos», eran enemigos de Cuba. Como si Cuba hubiese dejado de ser un país para ser, solamente, una ideología. Se han adjudicado el derecho de disponer de la isla, como si esta fuera un feudo y los cubanos, los siervos.

Las prisiones se llenaron de cubanos, y tanto como ellos, sus familiares sufrieron las más terribles humillaciones, a la hora de visitar a sus seres queridos, encarcelados por luchar en contra de quien se robaba nuestra libertad. Registros a manos de guardias, que en el caso de las mujeres no respetaban ni edad, ni ninguna otra condición. Requisas de los pocos enseres sanitarios y alimentos que les dejaban pasar. No pocos eran decomisados por la simple y arbitraria voluntad de quien representaba el poder absoluto del Gobierno. Incluso, en ocasiones, después de haber recorrido cientos de kilómetros para estar un momento con sus seres queridos, algunos familiares al llegar a la prisión se encontraban con la noticia de que la visita estaba suspendida; teniendo que tomar el camino de vuelta a sus hogares, con los corazones deshechos. Lo triste del caso es que al día de hoy, se siguen usando los mismos métodos contra los disidentes y

---

octubre de 1965 anunció la organización del Partido Comunista de Cuba (PCC). *Vide,* Masó. *Op. cit.,* pp. 689 y 704. (N.E.)

opositores. La historia represiva no ha cambiado. Y la familia cubana sigue sufriendo.

Todos los meses, el último domingo, había visita, único momento en que permitían a nuestros familiares venir a vernos. Podrán imaginarse que no es fácil viajar más de 800 kilómetros desde La Habana hasta Vertientes. Sin embargo, mis padres lo hicieron, luchando contra viento y marea. No eran los únicos, pues los familiares de mis compañeros venían desde el otro extremo de la isla, desde Baracoa y Guantánamo. Esos viajes, tomando en cuenta las dificultades de transportación que siempre ha habido en Cuba desde el año 1959, podrían considerarse una hazaña.

Tuve la oportunidad de recibir la visita de mis padres, el mismo día que sucedió el incidente con la familia de Luis, narrado anteriormente en otro capítulo. Me sorprendió escuchar mi nombre y que tenía visita. Mis padres quisieron darme la sorpresa y lo lograron. Llegaron con todo lo que pudieron cargar para dejarme abastecido. En realidad, la sorpresa fue recíproca, ya que ellos ni por un momento se imaginaron las malas condiciones en que sobrevivíamos. Sus ojos se tropezaron con alguien que había bajado de 170 a 120 libras. Gracias a Dios pude comer y compartir casi todo el día con ellos.

A los que recibimos visitas nos trasladaron a una escuela cerca de allí, donde apostaron a un soldado de la guarnición. Ahí nos tomamos fotos, pues en el campamento estaba prohibido por formar parte de instalaciones militares. Con el armamento tan sofisticado que poseía dicha unidad militar «machetes y azadones», la victoria ante la invasión yanqui estaba asegurada.

Guasimal no solo tenía la instalación de nuestro campamento, sino también un caserío donde vivían algunas familias que no tenían contacto con nosotros, por dos motivos. Primero, porque les estaba prohibido, y segundo, por miedo. Fue tanta la difusión a aquellos pobres campesinos, acerca de que los miembros de las UMAP éramos delincuentes comunes que, como consecuencia de esa mentira, estaban aterrorizados. No es menos cierto que sacaron de las prisiones a muchos delincuentes, los cuales incorporaron a las unidades, para hacer más humillante nuestro cautiverio y mostrar la imagen distorsionada de que todos los de la UMAP éramos la misma calaña.

Cosa curiosa, como muchos teníamos visitas y estas venían con comida, a los que quedaron solos no les dieron comida. El teniente dijo que no iban a cocinar para unos pocos. Así que nosotros, los "privilegiados", nos llenamos los bolsillos de comida y la pasamos a escondidas adentro del campamento, para compartirla con nuestros compañeros. Ninguno se quedó sin comer, el banquete fue colectivo. Estoy seguro de que esa dieta forzosa ordenada por el teniente, fue para tener más vituallas a su disposición.

Fue la única visita que tuvimos. Después comenzó la zafra azucarera y todo cambió, pues todo estaba supeditado a la cosecha de la caña de azúcar. Tan dulce que es la caña y cuantas amarguras hay relacionadas con ella. Los pobres negros esclavos, los chinos contratados como "obreros"; jamaiquinos y haitianos, cuando la República. Muchos de estos últimos se establecieron en Cuba. En Guasimal vivían varios haitianos ya viejos, incluyendo a uno que tenía como 100 años. Recuerdo ver su figura encorvada y desgastada por el paso de los años y el duro trabajo. Luego arribó el proceso revolucionario y junto a él, los cortes de caña "voluntarios" y la neo esclavitud de las UMAP, más tarde sustituida por el Ejército Juvenil del Trabajo (EJT).

El teniente Cutiño, como un buitre en busca de carroña, movía su figura regordeta por el área de visitas, observando a cada uno de nuestros familiares. Nunca miraba a derechas ni sostenía la mirada. Al verme con mis padres tuvo la osadía de dirigirse a ellos diciendo:

—¿Qué les parece, como le estamos convirtiendo a su hijo en hombre?

—¿Qué usted dice? –Respondió mi mamá adelantándose al viejo, que se había puesto de pie como si hubiese estado encima de un nido de hormigas bravas–. A ser hombre lo hemos enseñado su padre y yo. Ustedes lo que están haciendo es acabando con su vida.

No sabía con quienes se había metido. Después de esa respuesta salió de allí, como el venado que oye un disparo. Al otro día de la visita me reclamó: «Oiga 12, con su mamá no se puede hablar».

¿Y qué esperaba este tipo? No me imagino que ningún padre le reiría la gracia. Aunque, para la mentalidad de ellos, eso era lo que estaban haciendo allí, cambiando a los jóvenes desafectos a la Revolución por el hombre nuevo redimido por el trabajo. Del mismo modo que pensaron los alemanes al colocar a la entrada de Auswichtz el lema: "El trabajo os hará libres". Solo que aquí tenía una variación: el trabajo los hará hombres nuevos.

Del grupo remanente de los 37 de Barbosa, menos Míguez, todos tuvimos visitas. Ya Soto se había fugado, disfrazado de guardia. Por suerte, creíamos que para ese tiempo aún no había sido atrapado. De lo contrario, lo habrían mostrado frente a la tropa, después de torturarlo, jactándose de lo inútiles que resultan los intentos de fugas. Nunca más supimos de él.

Hubo un momento dramático y fue cuando Armando comenzó a llorar en el pecho de su mamá, dejando salir toda la presión que sentíamos sobre nosotros. Nos sorprendió pues era el más ecuánime de nuestro grupo. En ese momento, como diríamos más tarde, se rompió emocionalmente, repitiendo: «Sáquennos de aquí» Fuimos hacia él y lo arengamos para que se compusiera, pues no queríamos darle el gusto a los oficiales de que nos vieran flaquear. Ya a solas en nuestras hamacas era distinto, pues cada uno de nosotros en ciertos momentos nos habíamos desahogado con el llanto. Quien piense que es cierta la máxima de: "los hombres no lloran", enseñada a cada varón, nunca estuvo en las UMAP.

Compartimos todos como si fuésemos una sola familia. Estábamos aunados por el dolor. La mamá de Armando, mis padres, los padres, hermanas y la novia de Lázaro, el papá de Jorge; y el de Almaguer..., eran el contingente de los ya experimentados familiares de los 37, quienes hicieron su viaje movidos por el amor filial. Mas, como todo lo bueno se acaba pronto, ese día pasó tan rápido como un ciclón. Quedándonos, después de la despedida, con la dulzura de sus besos y, a su vez, el sabor amargo de la separación.

Fotos del autor, tomadas el día de la única visita que tuvimos en Guasimal, Vertientes, Camagüey.

De izquierda a derecha: los padres del autor, éste, Almaguer y su papá.

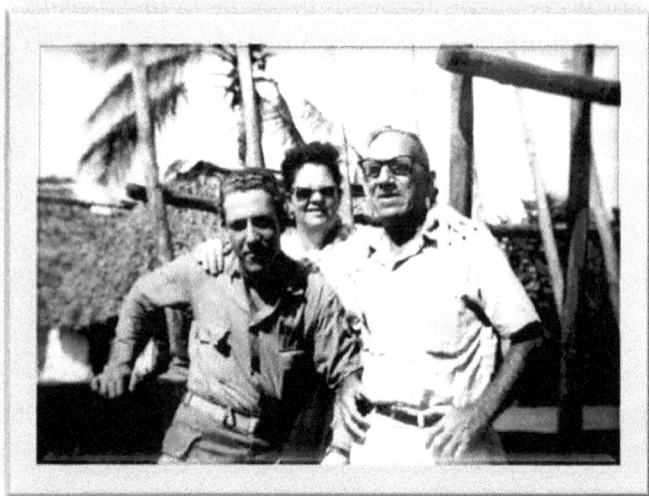

El autor con sus padres el día de visita en Guasimal.

Mí enfermedad

Al morir nuestro compañero por falta de asistencia médica, cambiaron la política y, semanalmente, comenzamos a recibir las visitas de un individuo llamado Miguel «igual que nuestro sanitario». Faltándole muy pocas semanas para graduarse de médico fue uno de los depurados de la Universidad de La Habana, donde era uno de los expedientes más altos. Lástima que su llegada resultó demasiado tarde para nuestro compañero de Guantánamo.

Al poco tiempo de estar trabajando en el campo, las piernas se me empezaron a dormir y se me hacía muy fatigoso el caminar la distancia desde el campamento hasta el campo. Pararme derecho, en posición de atención, era una labor que requería de todo mi esfuerzo. Añádase a eso lo incomodo de dormir en hamacas. Los cuerpos toman posición de arco. Entonces, podrán imaginarse a un joven de 19 años, encorvado y con dificultades al mover las piernas, para quien levantarse todos los días era bien difícil. Moverme se me hacía doloroso y, aún así, en esas condiciones, me enviaban al campo, hasta que pude ver al médico, el cual me mandó a dormir en una cama dura. Cosa que resultaba más fácil decirlo que hacerlo, acompañado de la medicina por excelencia en Camagüey: aspirinas. Años más tarde supe que tengo tres hernias discales en la región lumbar y lo que padecí era a consecuencia de unos nervios pinchados.

Había un canto muy popular en las UMAP que a ritmo de guaguancó repetía como estribillo: *"Zuábana, que zuábana, que raspe, tú ves"*, acompañando estrofas como estas:

Nos llevaron pa' la UMAP,
sin celebrarnos ni juicio
La condena fue tres años.
Fingiendo que era el Servicio.

Zuábana, que zuábana, que raspe, tú ves.

Estamos en la Fortuna,
cerquita del Central Pina
Y aunque estémonos muriendo,
no nos dan más que aspirina.

Y así, sucesivamente, narrando todas las peripecias pasadas en cada uno de los campamentos.

¿Qué fuera de los cubanos sin los chistes ni su música? Estoy convencido de que de no tenerlos, hace muchos años hubiéramos dejado de existir como nacionalidad.

Tan pronto como al otro día de enterarse mis compañeros del diagnóstico del médico, se propusieron confeccionarme una cama. Llegaron al campamento con unos palos que habían cortado por el camino. Luego, le pidieron al cocinero las cajas de madera de carne rusa «nuestro principal alimento» para usar las tablas. Por último, enderezaron los clavos de las mismas y se dieron a la tarea de crear lo que fue mi rústica cama dura. Éramos un grupo para el que la necesidad de uno era la de todos De eso doy constancia con un profundo agradecimiento a todos ellos.

Al no notar mejoría después de una semana, el médico recomendó que me llevaran al Hospital Militar de la ciudad de Camagüey, para que me viera un ortopédico. No sé qué gestiones hizo, pero a la otra semana se me apareció con un referido para ver al capitán doctor Reyes Domínguez, en dicho Hospital Militar.

Ya para ese tiempo el sargento López había dejado tranquilo a Jorge, poniéndose para mi cartón[53], haciéndome la vida mucho más miserable aún. Se arrimaba a mi cama y me

---

[53] En el argot popular, dícese de aquel con cierto poder que intenta imponerse a alguien en específico.

gritaba: «Eres un descarado y un *guillao*[54] 12. Yo voy a ir contigo al hospital, para quitarte el *vivío* «la buena vida» que tú tienes aquí.

Personalmente me voy a encargar de que tengas que sacar doble norma todos los días». Igualmente me exigía que me levantara e hiciera de cuartelero recogiendo la basura del piso, algo que me resultaba difícil debido a mi mal. Volvieron en mi ayuda mis amigos, preparándome para estos menesteres, una vara con un clavo en la punta, pudiendo recoger los papeles y colillas de cigarros del suelo, sin tener que agacharme.

Asimismo fue, el día de mi consulta le pidió permiso al teniente Cutiño para, en lugar del sanitario y un soldado de la guarnición, como comúnmente ocurría, ser él quien me escoltara al hospital. Igualmente entró en la consulta para no perder detalle alguno. Como yo me sentía realmente mal no le di ni la menor importancia a su actitud. Estaba seguro de que el capitán médico podría determinar mi padecimiento.

Después de hacerme pasar a su consulta, el médico ortopédico me ordenó tenderme en una mesa para examinarme la columna vertebral. Su dictamen fue que se debía proceder con un bloqueo «yo, el único que conocía era el llamado

---

[54] *Dícese de aquel que finge padecimientos que no tiene.*

bloqueo económico impuesto por imperialismo yanqui a la revolución…», que resultó ser una inyección para aliviar el dolor. Al insertar la aguja entre mis vértebras e ir introduciendo el líquido aquel, poco a poco, mis piernas comenzaron a moverse sin yo tener control sobre ellas. En verdad que funcionan esos bloqueos, pues con los días me sentí más aliviado.

Nota cómica, al estar sobre la mesa boca abajo me preguntó el médico si yo tenía alguna verruga en la nalga derecha. Me dejó desconcertado con esa pregunta. Al pasarme la mano por esa región, me di cuenta de que tenía una invitada que no había sacado turno para verse con el doctor. Era una garrapata que estaba llena de sangre y por eso parecía una verruga. El médico ordenó al enfermero que trajera yodo y unas pinzas para tratar de sacarla. Algo a lo que me negué, pues ya habíamos tenido varios casos de infecciones en nuestro campamento, por tratar de sacarlas en forma brusca. Como el caso de Melgarejo, que por una cabeza de garrapata dejada en su mano, se le infestó teniendo que abrirle la mano y ponerle un drenaje para sacarle el pus. Le recomendé al doctor que usara el "método guajiro". Éste puso cara de asombro, pues desconocía esa expresión. «Doctor —le dije— péguele la llama de un cigarro y vera que solita se suelta». Lo que para el médico fue cosa de asombro, para nosotros era una cuestión rutinaria.

Al salir de la consulta el sargento López me dijo:

—Si es a mí, no me meten esa jeringa en la espalda.

A lo que yo le respondí:

—Sargento, como yo estoy *guillao* tengo que dejarme hacer todo eso.

Fuimos hasta un lugar frente al Hospital General de Camagüey, que se encontraba a pocas cuadras del Hospital Militar, donde vendían batidos de papaya. Ya en el mostrador pedimos dos, uno para el sargento y otro para mí. Cuando iba a pagar por el importe del mío, el dependiente me dijo que ya lo había pagado un señor al verme con el uniforme de recluta de las UMAP. Así se comportaron la mayoría de las gentes de Camagüey con nosotros. El sargento López se disponía a retirarse del mostrador para darles un chance a otros clientes, cuando el mismo dependiente le aclaró:

—El del muchacho está pagado, pero el suyo no.

Su cara se puso roja como un tomate y poniendo el dinero arriba del mostrador en forma brusca me dijo:

—Nos vamos.

Me quedé sin poder terminar el batido. Aún así no sé que me supo mejor, si lo sabrosa que estaba la bebida o el berrinche del sargento.

Me fue favorable que López fuera conmigo, porque al llegar al campamento le dijo al teniente Cutiño que yo estaba muy jodido, reportándole todas las incidencias del viaje. A partir de ese día me dejaron tranquilo.

En una de las visitas que hice al médico, el camión que me llevaba entró en Guayabito a recoger otro enfermo para también llevarlo a Camagüey. Allí vi, en medio del patio, al famoso teniente *Caballo Loco* con una máquina de barbero, tusando a un recluta. Aquel pobre muchacho gritaba de dolor cuando el teniente le pasaba la máquina por la cabeza que en vez de cortarle el cabello le arrancaba mechones de pelo. Nosotros nos libramos de él, pero todavía algunos tenían que soportar sus locuras.

Como tenía ordenado por el doctor baja médica provisional del servicio, aproveché para leer los libros que mis padres me habían traído en su visita. Fui visto en otras cinco ocasiones por el ortopédico, hasta que me remitió a la comisión médica para que estudiara mi caso y determinara si me daban la baja definitiva. De no haber sido por el incidente acaecido con el guantanamero, creo que habría sido muy difícil ver a un especialista en Camagüey. Ya se habían dado casos de varios enfermos en peores condiciones a quienes habían enviado al campo, sin consideración de ninguna clase. Diabéticos que perdieron miembros, así como leucémicos tardíamente enviados a algún centro asistencial. Maravillas de la asistencia médica en la Cuba revolucionaria

Pase de salida

Llegó diciembre y corrieron rumores de que nos iban a dar pase para visitar nuestras casas, por una semana. Todos creímos era una bola, que nos estaban engañando. Resultó ser una sorpresa, pues nos dejaron salir en dos grupos. El primero, desde el 16 al 25 y el otro grupo, desde el 26 hasta el día 4 de enero. A mí me tocó el segundo grupo.

Se preguntarán, entonces, ¿por qué no aprovechar ese pase y fugarnos o quedarnos en nuestras casas y no volver? Propiamente porque existen tres prisiones: la primera, un establecimiento penal o un campamento que con muros o alambradas nos limita. La segunda, es la que representa vivir rodeados de agua por los cuatro costados, en una isla donde escapar sin los medios apropiados es muy difícil. La tercera, y para mí la más efectiva, es la que está en nuestras mentes, esa que en regímenes como estos, nos pone a pensar que dar el salto a la libertad podría traerle consecuencias a nuestros seres queridos. La mano de la Revolución es larga y poderosa, eso repite la propaganda. No siempre cuando uno escapa se escapa. Por algún lugar queda un hilo que nos ata a lo que dejamos. Un hilo del que saben tirar muy bien, para hacernos sufrir, dichos amables gobiernos.

Además, la situación era bien simple, nos daban el pase de salida, pero los medios para llegar a nuestras casas corrían por nuestra cuenta. Por lo que, nada más dejarnos salir, todos los caminos de Camagüey se convirtieron en una riada de camisas azules de mezclilla luchando por conseguir un medio de transporte. Todos, hasta los más impedidos y débiles, como caballos que saben que van de regreso al establo apuramos el paso, queríamos ganar tiempo para poder estar en casa el mayor tiempo posible.

Caminamos hasta Vertientes. En la salida del pueblo trepamos a un camión militar que, casualmente, iba en nuestra dirección. Mis compañeros me tuvieron que ayudar, pues, aunque me sentía mejor, no estaba en plena capacidad física. Si salir de Vertientes no fue fácil, en la ciudad de Camagüey fue donde la caña se puso a tres trozos. Hallar algo que nos sacara de allí fue una verdadera proeza. Las estaciones de ómnibus y la terminal de trenes eran un enjambre donde todos luchábamos por hacernos un lugar. Misión casi imposible.

Decidimos salir a las afueras de la ciudad en busca de botellas, vehículos que, aunque fuera de tramo en tramo, nos adelantara el camino. Tuvimos suerte, abordamos un camión de Acopio[55], donde nos acomodamos junto a las viandas que cargaba hasta que llegamos a Ciego de Ávila. Nos dejó en un tramo desconocido de la carretera. Ahí montamos en un tractor que tiraba de una carreta. Todo lo que pudiera acercarnos a casa era útil. En este solo anduvimos unos pocos kilómetros, quedándonos otra vez varados en medio de la carretera. Nuevamente caminamos, esta vez hasta un centro de abastecimiento de combustible. Allí Lazarito habló con el chofer de una rastra, el cual nos llevó hasta Santa Clara. En honor a la verdad, en la mayoría de las ocasiones, los choferes se mostraron cooperadores ayudándonos en nuestro empeño. La propaganda gubernamental, referente a que los miembros de las UMAP éramos lo peor de la sociedad cubana, se iba desvirtuando, sobre todo en Camagüey, donde el que más o el que menos tenían algún familiar o conocido que desmentía tal aseveración.

En la terminal de ómnibus de Santa Clara, en Las Villas, por habernos adelantado a la marea de reclutas de las UMAP, pudimos abordar un ómnibus hacia la capital. Sin asientos disponibles, hicimos el viaje sentados en el piso. Algunos

---

[55] *Entidad encargada de recoger los productos agrícolas en el campo así como también de distribuirlos, por cuotas, a la población.*

hasta nos dormimos. Despertándonos, solo cuando interrumpíamos el paso de quienes debían bajarse. Así, hasta que por fin, después de esa fase maratónica, llegamos a la urbe capitalina.

Ya en La Habana, el chofer tuvo la amabilidad de dejarnos bajar en una plaza bien céntrica llamada La Virgen del Camino, donde agarramos los ómnibus que nos acercaron a nuestros respectivos hogares. Mis padres me esperaban. En cartas les había contado acerca de los rumores del permiso de salida. Ellos se confiaron a Dios para que así fuese. Besos y abrazos a raudales. Vecinos que me conocían desde que era un niño travieso, corrieron a saludarme, a ellos agradezco tantas muestras de cariño. Parecía mentira pero ya habían pasado seis meses desde el día en que traspasé el umbral de mi casa para comenzar la pesadilla del reclutamiento.

Después de una ansiada y necesaria ducha pude acostarme en mi cama, con la que tanto soñé cuando estaba durmiendo en la hamaca en Guasimal. Mi despertar fue algo inesperado, pues mi mamá había llamado a Alina, una noviecita de aquella época. Ella me hizo abrir los ojos y, entre sueños todavía, escuché que me preguntaba: «¿me conoces?» Parecía un sueño, pero era realidad. Aún la memoria me hace respirar el aroma de la comida de ese día: bistec, arroz blanco, frijoles negros y muchas, muchas papas fritas. En contraste con la deshumanización que había vivido por los últimos meses, me parecía que caminaba sobre nubes.

Llegó el primero de enero, el aniversario del triunfo de la Revolución y, cada Comité de Defensa trataba de engalanar los barrios para festejar tan "magnánimo" evento. Los más comprometidos, como dueños y señores –o fieles siervos– clavaban banderitas conmemorativas en los jardines del vecindario. Hasta que Lázaro Casas, el presidente del CDR de nuestra cuadra, llegó al frente de nuestra casa, afilando las estacas de las banderitas que pensaba colocar en el jardín. Craso error. Mi padre no estaba en casa pero sí mi madre que saliendo al portal se le quedó mirando fijamente, en el justo momento que comenzaba a clavarlas. Por lo que al "camarada" Lázaro no le quedó más remedio que pedirle permiso a mi mamá. A lo que ésta le respondió con una pregunta: «¿Es ley el tener que poner esas banderas?, porque si no lo es, yo no le luzco banderitas a quien tiene a mi hijo en las UMAP». No tengo que decir que la única casa del vecindario, que no esperó adornada el nuevo año fue la nuestra. Así pasó en años posteriores hasta la víspera de nuestra salida del país en 1980. Cómo me enorgullezco de la actitud de mis padres.

Como siempre sucede esos días pasaron velozmente, como pasa todo aquello que queremos alargar. En todas esas horas no me acordé del campo ni de las garrapatas ni del hambre o la sed. Solo me dediqué a disfrutar del pequeño reino que para mí era mi hogar. Las instrucciones, para los de La Habana, eran que debíamos estar el 4 de enero de 1967 en el estadio de pelota de El Cerro. De allí, nos transportaron en camiones hasta una unidad militar que se hallaba en El Calvario. El Calvario, Mantilla, Lawton y San Miguel del Padrón, esos cuatro barrios habaneros colindan con las líneas del tren. Hasta allí nos llevaron caminando. Luego, nos montaron, casi ochenta elementos, en unos vagones cerrados y de regreso a Camagüey. Al verme dentro de aquel cajón de metal, pasaron por mi mente las imágenes de los judíos cuando eran llevados a los campos de exterminio durante la Segunda Guerra Mundial, con la única diferencia de que aquellos vagones eran de madera.

En Güines, no sé por qué motivo, el tren se detuvo. Ahí pasamos la madrugada encerrados en espera de que el tren reiniciara la marcha. Era como estar en una nevera. Güines es la región de la provincia donde más bajan las temperaturas en invierno. Estábamos tan ateridos que nos amontonamos en una esquina. Para tratar de darnos calor, pegábamos espalda con espalda en grupos de a cuatro. Si tocábamos cualquier superficie de metal, era como tocar un témpano de hielo.

Por fin, al amanecer, el tren se puso nuevamente en marcha y fuimos entrando en calor gracias al eterno abrigo de los pobres, el Sol. Al mediodía, nadie se acordaba del frío de la noche anterior. Nuestro vagón estaba sufriendo una metamorfosis, bajo el calor del astro rey poco a poco iba dejando de ser una nevera para transformarse en un horno.

No teníamos agua que tomar. Al parecer, nadie pensó que los transportados íbamos a tener sed. Orinábamos hacia fuera equilibrándonos en las puertas. Aprendiendo que, con la velocidad del tren, teníamos que hacerlo en la parte posterior de la puerta. Los primeros que lo intentaron desde la parte delantera, habían orinado sin querer a los que estaban en la parte trasera del vagón. En una parada que hizo el tren, en la ciudad de Colón, nos tiramos como locos buscando agua. Había varios grifos en el patio. Allí pudimos calmar la sed.

Arribamos a Camagüey ya de noche. En el patio de la estación nos esperaban unos oficiales que nos ordenaron subir a los camiones, de acuerdo a la agrupación a la que pertenecíamos. Entrada la madrugada llegamos a Vertientes donde nos quedamos a dormir en los portales de la agrupación, Nos dijeron que, a la mañana siguiente, seríamos repartidos entre las distintas unidades. Como Guasimal quedaba a siete kilómetros del pueblo, le propusimos al oficial de guardia ir caminando, no importaba la hora, pues conocíamos el camino. Cuando llegamos recibimos una sorpresa, nuestra unidad había sido trasladada a la tercera compañía del batallón 27, un campamento a más de 20 kilómetros entre Vertientes y Santa Cruz del Sur, llamado Vega 1. Como teníamos que vadear el río San Pedro para llegar, esperamos pacientemente a que fuera de día y así poder descubrir, con mayor claridad, ese lugar de ensueños donde estableceríamos nuestra nueva residencia.

Valió la pena todo lo que tuvimos que pasar en el viaje de ida y vuelta, pues esos días pasados en nuestras casas, nos hicieron cargar nuestras baterías de energía positiva. Después los días posteriores, nos hicieran drenar no solo la energía positiva, sino, la más mínima gota de energía acumulada en nuestros cuerpos. La zafra azucarera estaba en pleno apogeo y demandaba de los confinados de las UMAP todo el máximo esfuerzo.

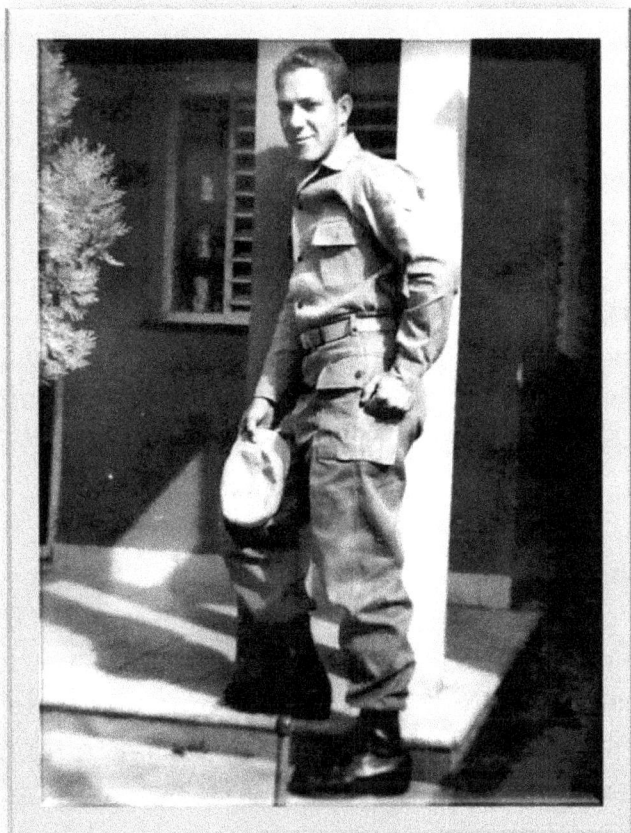

Foto del autor, tomada en el portal de su casa en el único pase de salida que tuvo, en diciembre de 1966

Vega 1

Las primeras luces de la aurora nos despertaron. Sentíamos el cuerpo molido por haber tenido que dormir en el piso, en los portales de la Agrupación de Vertientes. Nos dimos a la tarea de buscar una pila de agua para lavarnos la cara y cepillarnos los dientes. Hallamos unos lavaderos al fondo de comandancia. Fuimos a desayunar o como quiera que se llame el haber ingerido un "café con leche" hecho con un polvo ruso. Venía empacado en cajas que por fuera tenían la imagen de una mujer con un niño en brazos. Tenía un sabor tan horrible que bromeábamos con que el infante le imploraba a su madre: "mamá, por favor, no me des esta mierda". Posteriormente, nos montaron en un camión y partimos hacia el nuevo campamento.

Viajamos por un terraplén en dirección a Santa Cruz del Sur. Treinta minutos después el camión se desvió a la izquierda, hacia otro camino vecinal, en peores condiciones. Seguimos viaje hasta llegar al río San Pedro, el cual cruzamos en un vado que tendría como 20 metros de ancho, con el agua a la altura de la mitad de las gomas del camión. A medida que avanzábamos, rodeados de cañaverales, el terreno iba aumentando en altura. Justo en una elevación que dominaba el paisaje estaba Vega 1, nuestro nuevo campamento. Ya en el albergue, me alegré de ver mi cama de madera. Mis compañeros que estuvieron trabajando en la mudanza, no la habían olvidado en Guasimal.

El paisaje que observaba desde el campamento era un mar verde, creado por los plantones de caña que se extendían hasta más allá de donde nuestra vista podía alcanzar. Hacía contraste con el verde más oscuro de la vegetación a orillas del río formando una línea que dividía la monotonía de colores. En las noches de luna llena, cuando el viento movía los güines de las cañas, se podría decir que era un paisaje hermoso. Únicamente chocaba con dicha belleza, la figura de mis compañeros volviendo del corte ya entrada la noche. Ellos, después de haber cortado caña durante todo el día, antes de volver al campamento, tenían que dejarla apilada para hacerle el trabajo fácil a la alzadora. Ya de vuelta, a bañarse, comer e ir rápido a dormir para volver a levantarse en los primeros albores de la mañana.

Las raciones de alimento seguían siendo magras, por lo que tratábamos de complementar la dieta con todo lo que cayera en nuestras manos: una nidada, una jutía, un gato jíbaro, gallinas de guinea o algún majá que se le ocurriera ponerse al alcance de los machetes. Era habitual escuchar el barullo seguido de la expresión: "¡Majá...! ¡La madre del que lo deje ir!" Yo mismo le quité la piel a varios ejemplares, los que hacía llegar al cocinero, no sin antes decirle a quienes pertenecía, para que luego al freírlo lo compartieran reforzando su cuota.

Resultaba una paradoja que toda nuestra labor se relacionara con la caña y que no pudiésemos comer ni un trozo de ella. Estaba prohibido, la caña era para producir azúcar para la Revolución no para que los vagos se la comieran. Aún así, tomábamos guarapo, a escondidas, por supuesto. Gracias a eso fue que muchos pudieron resistir. Cuando nos daban el duro pan del infame desayuno lo guardábamos para media mañana cuando el hambre apretaba. Luego, a escondidas dentro del cañaveral y mientras alguno de nuestros compañeros vigilaba, le abríamos un orificio en el medio, y exprimíamos un trozo de caña sobre el pan, que se hinchaba para que al comerlo nos llenara el estómago. Era importante, esconder el trozo exprimido debajo de la paja.

En una ocasión, en que una yunta de bueyes de las utilizadas para transportar la caña al central tuvo la desdicha de ponerse al alcance del tren. Repartieron la carne de las dos reses muertas entre las unidades cercanas al accidente, incluyendo Vega 1. Fue la única vez que comimos carne de res, en todo el tiempo que estuvimos allí. Sentimos compasión por el carretero que había perdido las bestias pero, ¡qué rica estaba esa carne! Como no había refrigeración se cocinó toda el mismo día. Primero, hicieron carne con papas para el almuerzo, que inclusive les llevaron a los que estaban cortando caña. No lo podíamos creer. Después, para la cena, bistec. Fue un susto y a la vez un gusto, para nuestros estómagos acostumbrados a chícharo con gorgojo y arroz con paja.

Hubo una semana de lluvias en que el río San Pedro creció de tal manera que quedamos aislados. El camión de suministros no podía vadear la corriente del río, por lo que la comida fue restringida aún más. Sólo había sopa de carne rusa y yuca hervida. Hubo días en que no podían salir a cortar caña, debido a los amenazantes rayos. El temporal no amainó hasta pasadas las 72 horas. Fue una buena oportunidad para que mis compañeros descansaran.

La caña sembrada por aquellos contornos era la caña media luna, con un gran rendimiento. Llevaban años cosechándola en esos campos, por lo que las garrapatas nos dieron un descanso. Lo cual no resultó un alivio ya que fueron sustituidas por los mosquitos y los jejenes.

Estando ubicados entre Santa Cruz del Sur y Vertientes, cuando el viento soplaba del sur, la nube de jejenes nos hacia buscar bosta de vaca seca, con la que hacíamos pilas que quemábamos para de esa manera, con el humo, mitigar en algo su ataque. Con los zancudos resultó distinto, eran tan grandes que su aguijón pasaba el grueso de las hamacas. Cada vez que picaban sentíamos como si nos estuviesen haciendo una extracción de sangre para un análisis. Al escribir a alguien sobre el tamaño de estos animalitos, me contestó diciendo que yo era un exagerado. Como vista hace fe, maté uno y se lo envié en una carta.

Más al sur de nuestra posición se encontraban las unidades del batallón 28. Ahí era donde mandaban a los "problemáticos". Si en todas las UMAP las condiciones eran malas, en dicho batallón disciplinario eran peores. Si las plagas nosotros las padecíamos cuando cambiaba el viento, para ellos eran perennes.

Adiós, UMAP

Cinco fueron mis visitas al Hospital Militar de Camagüey para ver al capitán médico a cargo de mi dolencia física. Aunque me sentía mejor con el tratamiento y el no tener que estar dentro del régimen de trabajo, trataba de no mostrar mejoría. No quería perder el privilegio de mantenerme fuera de servicio.

En la última visita, después de ponerme la inyección en la columna, el médico le manifestó al jefe de guarnición «encargado de llevarme al hospital en aquella ocasión» que yo lo que estaba haciendo era comiéndome la comida por gusto, sin producir. Por lo que me remitiría a la comisión médica para que me dieran la baja definitiva. Sus palabras sonaron como cantos de ángeles en mis oídos. Aquella palabra: "baja" era la ilusión de todo confinado de las UMAP, el "Ábrete Sésamo" que todos queríamos escuchar.

Había varias formas de librarse de la condición de recluta: si se era mayor de 28 años, por lo que llamábamos el método Arquímedes. A través de una palanca, o lo que es lo mismo, de alguien bien posesionado en las esferas políticas o militares o, la mejor de todas, con el permiso de salida definitiva de país. Como le sucedió a uno de los estudiantes depurados de la Universidad de Oriente, que estaba en nuestro pelotón.

Estando en el campo llegó un soldado de la guarnición con la noticia. Tenía que ir urgente al campamento, pues le había sido dada la baja de las UMAP, por salida definitiva del país. La cara de esa persona era una mezcla de incredulidad, alegría, estupor y euforia, que solo viéndola se podría tener una idea exacta de lo que sentía ese hombre. Nosotros, contentos, decíamos a voz queda: "qué bueno uno que se libró de esta porquería". No sin cierta envidia «de la buena», pues salir de allí era la aspiración de todos. Salió corriendo como si le hubieran puesto cohetes en los pies. Al fin podría escapar de la gran prisión en que se había convertido Cuba.

Como método de desmoralización y burla, los guardias engañaron a varios que estaban esperando el permiso de salida definitiva del país. Estuve presente en una de esas ocasiones cuando se lo hicieron a un camagüeyano de apellido Lavernia, quien corrió como poseído hasta llegar a la compañía y comprobar, entre las risas del cuerpo de mando y la guarnición, que todo era una cruel mentira. Imaginen como quedó de abatido y frustrado.

Como los CDR tenían la potestad de informar a los comités militares en lo referente a los jóvenes vecinos de cada cuadra algunos pudieron escaparse antes de ser reclutados. Mi suegro, quien creyó en las fantasías de aquel proceso político, desde su posición de presidente seccional de los CDR, demostró que su calidad humana estaba por encima del ideal político al tirarles la toalla a varios muchachos del vecindario. Hoy en día, a muchos años de fallecido, algunos todavía se muestran agradecidos.

Desgraciadamente hubo compañeros de infortunio que no fueron capaces de resistir a tanta presión y terminaron suicidándose ya fuese por ahorcamiento o lanzándose a morir ahogados en las letrinas. De esto decíamos que era una "baja a la tremenda". Como dijo García Lorca: "El más terrible de los sentimientos, es el sentimiento de tener la esperanza perdida".

Por último, luego de varias muertes por falta de asistencia médica, aflojaron la mano y comenzaron a otorgar bajas médicas a los que, como yo, no éramos productivos por distintas razones. Era estimulante ver los rostros alegres de aquellos que abandonaban el campamento con su baja en la mano, aunque después nos quedásemos con sentimientos de alegría y autocompasión. Creo que si logramos resistir tanto tiempo, fue por no soltar de las manos dos palabras que como muletas nos mantuvieron de pie frente a las adversidades. Esas palabras fueron: fe y esperanza.

Una madrugada del mes de febrero fui sacudido fuertemente por el brazo, escuchando, entre sueños, las voces de: *"tamalero, tamalero"*. Resultó ser Jorge, uno del grupo de Barbosa, a quien habían dejado en Guayabito cuando nos distribuyeron después de nuestro arribo a Camagüey. Ocupaba el puesto de chofer en el camión al servicio del batallón 27. Al principio no lo reconocí, pero medio dormido aún, le dije:

—Compadre, para saludarme me despiertas a estas horas.

—No te quejes que te traje la baja. —Me reveló con una sonrisa.

Decirme eso y despertarme por completo fue una misma cosa. Mirándole a los ojos le dije:

—No juegues con eso. ¿Es verdad?

Él había traído al jefe de plana del batallón, con las bajas de algunos por causas médicas, y se había acercado a mi cama para avisarme primero que a ninguna otra persona.

Los que estaban durmiendo nos mandaron a callar, por lo que, en silencio, comencé a recoger mis cosas. Cabían todas en un pequeño maletín de mano. Acto seguido desperté a algunos de mi grupo mientras Jorge fue hasta la cama de los otros, nuestros antiguos compañeros de Barbosa, para darles la noticia. Repartí entre ellos mis pertenencias, sabía que podrían serles útiles y yo ya no iba a necesitarlas más. Cuando por fin llegó el jefe de plana con la lista de nombres, ya yo estaba "listo y para la fiesta". Al escuchar mi nombre, se disiparon mis dudas y solo pude articular un: "Gracias Señor".

Fuimos cinco los afortunados. Hacía varios días que se hallaban en Vega 1 algunos reclutas de otras compañías, que también habían sido dados de baja por problemas de salud. Nos montaron en un camión, para regresarnos por donde mismo nos habían traído. Camino hacia la agrupación de Vertientes comenzó a amanecer. Todos estos los años que Dios me ha permitido vivir he visto amaneceres bellos, pero ninguno como aquel, alumbrando por sobre los campos de caña de Camagüey. Más que un amanecer representaba el ver la luz de la libertad, después de 8 meses en la oscuridad del terror.

No más llegamos a la jefatura de las UMAP, ubicada en la ciudad de Camagüey, que si mal no recuerdo era unidad militar 1015 nos cambiaron la ropa de reclutas por ropa de civil. Hubimos de escogerla de entre una desordenada montaña que estaba en un almacén. Al parecer era la misma que le habían quitado a los que fueron llevados de sus casas para las UMAP. Aunque parecían sacadas de una botella. No obstante, nos veíamos elegantes sin uniformes, incluso, cuando por lo grande de las tallas, parecíamos unos mamarrachos. Luego nos dieron unos sobres lacrados para presentarlos en los respectivos comités militares de nuestros vecindarios; así como los boletos para tomar un ómnibus en la terminal, con destino a La Habana.

Ya en el ómnibus tuve sentimientos encontrados. Estaba alegre por quedar libre de las UMAP, a la vez que triste por recordar cuantos quedaban allí todavía. Sobre todo a aquellos amigos que por cinco meses en Camagüey, y otros que, tras ocho meses desde Barbosa, habían sido mis compañeros de infortunio.

Luego de obtener mi baja médica, me tomó varios meses recuperar la salud. Aún duermo en cama dura. De vez en cuando sufro crisis. Tal pareciera que dichos dolores no quieren que me olvide que ellos fueron mi pasaporte para salir de las UMAP.

República de Cuba
Ministerio de las Fuerzas Armadas
Revolucionarias

La Habana 10 -2- 1967 de 1966.
"Año de 14 Viet Nam Heroico "

Al J'Comité Militar 701.Regional San Miguel Catorro.
A , QUIEN PUEDA INTERESAR,

Ref Comunicación.
of JOSE M. CABALLERO BLANCO.

1.- Por éste medio comunicamos que el compañero consig
nado en la linea de las referencias ha causado baja de las Fuerzas Armadas Revolucionarias el dia 26 de diciembre de 1966.

2.- Todo lo que comunico para su conocimiento y efectos
legales procedentes.

3.- Observaciones sobre el compañerc causa baja de lasUMAP
por Incapacidad Física según certificado que así lo acredita.

Revolucionariamente
Patria O Muerte
VENCEREMOS.

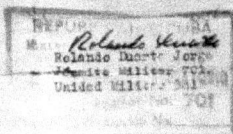

Rolando Duarte Jorge
Comité Militar 701.
Unidad Militar 3511.
Num. No: 701

AÑOS DESPUÉS

Tres encuentros

Cuando se es niño, por alguna extraña razón, uno cree que todos a su alrededor: familiares, vecinos, amigos..., perdurarán para siempre a nuestro lado. Crecemos e intentamos no separarnos de aquellos que queremos. Mas, la vida nos obliga y, año tras año, son más los recuerdos y los olvidos que la presencia de los seres amados. Otras veces, la vida nos lleva a reencontrarnos con personas que nunca imaginamos volver a ver. Es ahí, en esos momentos, cuando afloran –gratos o no–, los recuerdos más latentes de nuestra memoria. Basado en ellos, tomamos decisiones por lo que a veces el reencuentro no termina en un abrazo.

Años después de que hube salido de aquel lugar me tropecé con Carlos –aquel negro valiente que sacó de quicio al duro capitán que lo interrogaba–, en un ómnibus de La Habana. Ahí me narró parte de sus experiencias en el batallón 30, trabajando en la construcción, en la ciudad de Camagüey, donde los ponían a dar pico y pala de sol a sol.

Me contó, que los pobladores al verlos en tan ardua tarea les ofrecían agua fría y limonada; y cómo los mandos de la unidad al ver esto los reunieron para decirles que no podían tomar nada de lo que les diera la población, porque si eran envenenados la culpa la cargaría la Revolución. Un día después del mitin una señora le brindó agua a Carlos, quien le contestó, que por mucha sed que tuviera no podía aceptarla, porque el capitán decía que los camagüeyanos querían envenenar a los confinados de las UMAP, razón por lo que no podía hacerlo. Era un artista a la hora de crear crisis que no perdía oportunidad de ponerle mala la situación a los comunistas. La mujer rompió en ira y les gritó a los oficiales que era a ellos a quienes ella quería envenenar, porque le tenían un sobrino en las UMAP. En fin que se podría hacer un libro solo con las aventuras de este negro tan vertical e inteligente.

Encuentro igual de agradable tuve con Jorge, ese rebelde narizón de cara alargada, fañoso y con medio cuerpo jodido, admirado por los reclutas y burla de los jefes. Residente, en esos tiempos, de El Cotorro, lo encontré en La Habana al cabo de varios años. Según me contó le habían dado la baja de las UMAP por obvias razones médicas, pero que después fue capturado por guardia fronteras en un intento de salida ilegal del país. Por ese motivo estuvo varios años en prisión...

Tiempo después, trabajando de taxista en la Empresa de Autos de Alquiler viajaba por el malecón habanero rumbo a Marianao cuando un individuo me hizo señas solicitando mi servicio. Las condiciones del transporte eran tan malas que resultaba una verdadera hazaña llegar a donde se quería. Un taxi vacío era un milagro, como ver un problema resuelto. Me arrimé a la acera y... ¡que sorpresa!, con la misma voz y la misma arrogancia que lo recordaba, el sujeto me preguntó:

—¿Me llevas para Marianao?

—¿Es usted el teniente Manresa que era jefe de escuela en Barbosa? –Le pregunté.

Al oír su nombre y ver que lo reconocía, se le alegró el rostro y, ufanamente, me contestó:

—Sí..., yo soy, Manresa. –Pensando que ya tenía el viaje garantizado.

Lo miré y le dije:

—Pues, si usted es Manresa, entonces no lo llevo. –Y, antes de que pudiera abrir la puerta del carro, aceleré, dejándolo pasmado, con dos palmos de narices, sin darle oportunidad de anotar el número del vehículo.

Sé que actué mal, pero además de cristiano también soy humano y aquel día no pude resistir la tentación de vengarme. Recuerdo que en aquella ocasión me vino a la mente letra de un corrido mejicano: *"Que bonita es la venganza cuando Dios nos la concede...",* antes de la palabra del Señor, en la Biblia, cuando dice: "Cuando pagas mal con bien, ascuas de fuego amontonas sobras las cabezas de tus enemigos". Hoy en día, con más edad y crecimiento espiritual, lo habría llevado. En aquella época estaba demasiado fresca en mi memoria su manera de tratarnos a unos muchachos que, solo tuvimos la mala suerte de ser llamados a filas.

La otra mitad de una verdad

Los seres humanos muchas veces queremos saber las respuestas antes de formular las preguntas. Pero, las respuestas, no siempre llegan cuando deseamos. A veces el tiempo se estira tanto que llegamos a pensar que en cualquier instante se nos puede romper, e irnos, sin regreso, con más preguntas en las espaldas que respuestas en el pecho. Por eso siempre he aplicado una frase que le oía decir a mi abuela: "No hay más supremo juez que Dios ni mejor testigo que el tiempo". A esto agrego que no creo en casualidades sino en causalidades, como lo sucedido en este caso.

En un capítulo anterior narré como, al segundo día de estar en Guasimal, fui testigo de que a un joven enfermo se le negó la asistencia médica, dando motivo a un paso de jicotea para llamar la atención y que al fin de que se le diera la ayuda requerida. Fuimos amenazados con bayonetas y con fusiles rastrillados, pero logramos dicho propósito. Nuestro compañero fue llevado a un médico en el poblado de Vertientes. Tristemente la ayuda llegó tarde y dejó de existir un número en ese campo. Quizá suene fuerte, pero eso éramos simples números. Nunca llegué a saber su nombre, hasta ahora.

Estando de compras en una ferretería en Miami, el guardia de seguridad me hizo una pregunta que se encausó hacia una conversación que, luego de varios temas, al final derivó en mi libro. Una confesión de aquel señor atrajo mi atención. El hecho de que su cuñado, hijo de un antiguo alcalde de Guantánamo, hubiera sido de los primeros en fallecer en las UMAP.

Sus palabras me picaron la curiosidad, pues sabía que en el caso acontecido en mi campamento, la persona era natural de ese pueblo oriental. Le manifesté que, aunque nunca supe su nombre, por otras personas de su villa que se hallaban en nuestra unidad, supe que la persona fallecida, la cual tenía colgada una hamaca al lado de la mía, era dueño de camiones. Al hacer esta referencia, quien quedó sorprendido fue mi interlocutor. ¿Sería posible que estuviéramos hablando de la misma persona?

Cuarenta y tres años habían transcurrido desde que vi partir, una noche a finales de agosto de 1966, un camión, con un ser humano tirado, como un fardo, en la parte trasera. Sabía también el nombre del médico que lo había atendido en primera instancia, Jorge Tablada «también confinado de la UMAP que ejercía en el policlínico de ese central azucarero» y que había sido remitido al hospital de Camagüey, donde falleció.

Mientras él llamaba por teléfono a su hermana y establecía la comunicación, continuó informándome de cosas que, como piezas de un rompecabezas, sacadas de un baúl carcomido por el tiempo, coincidían. Recuerdos de una tenebrosa historia. Hube de hablar con la viuda, identificarme como autor de un libro sobre el tema del *gulag* castrista y narrarle mi testimonio sobre el caso. Pude conocer, oculta para mí hasta ese momento, la versión de los seres queridos, y el horror de la pérdida irreparable.

Héctor Suárez Leyva, alias *Gallego,* tenía 23 años cuando fue requerido para cumplir con la nueva ley del Servicio Militar Obligatorio, en junio de 1966, formando parte del segundo llamado de las UMAP. No le importó al Estado que dejara a su esposa con un niño de pocos meses de nacido, de los cuales era el sostén económico. Como expuse, la motivación para ser enviado allá fue la envidia y la mala intención de los que ocultan sus frustraciones tras un ideal político.

Supe, de primera mano, la falsedad del certificado médico, donde dice que murió de hepatitis, así como la información que le dieron a su viuda acerca de que Héctor ya llevaba cuatro días de ingresado, en el Hospital Militar de

Camagüey, cuando falleció. Otro dato fue el hecho de que, aún ante la prohibición de abrir el féretro, transmitida por los oficiales de la Seguridad del Estado que les dieron la noticia a sus familiares y entregaron el ataúd, los dolientes lo abrieron, encontrándose con un cadáver sucio y lleno de fango, al cual tuvieron que lavar y arreglar. Concordaba, pues, la información con mi testimonio sobre el traslado de Héctor, en la sucia cama del camión.

La viuda verificó en su investigación, que a Héctor ni siquiera lo entraron a la sala de emergencias, sino que murió en el pasillo del hospital, esperando ser atendido. Hecho que le fue comunicado por otro confinado de las UMAP que estuvo al lado de su esposo, mientras él también aguardaba atención médica. Incluso, cuando se presentó en el campamento para recabar información de los hechos, Treviño, el político de la compañía, la trató de la forma más grosera, algo común entre ineptos en el poder.

Al enterarse de su muerte, todo el pueblo de Guantánamo paró sus actividades. Su familia era muy querida, sobre todo él quien gozó de la estima de sus coterráneos. Su viuda tuvo que ser sujeta por familiares, por manifestarse contra los miembros de la Seguridad, que se mantuvieron siempre vigilando el servicio funeral. Una joven viuda y un hijo que no conoció a su padre. Para ellos, las víctimas y familiares es que fue escrito este libro donde quiero aclarar algunas cosas que para muchos aún permanecen veladas.

Hace más de un año me enteré del nombre del teniente *Caballo Loco*, directo responsable de la muerte de Héctor. En ese mismo instante lo olvidé, no quise retenerlo en mi mente. Me resisto a llamar por un nombre a tipejos como estos a los cuales considerábamos más que fieras.

Lo que no le comuniqué a los familiares, es que estoy en deuda con Héctor. Después de su muerte, los mandos de la agrupación de Vertientes se atemorizaron y aflojaron su trato para con los enfermos, permitiendo que los estudiantes de medicina de las universidades recluidos en otros campamentos fuesen nombrados sanitarios, dándonos la atención que podían con sus limitados recursos. Esa fue mi salvación. Al detectarme un padecimiento de hernias discales en la columna vertebral pude obtener mi baja médica.

Llegada a los Estados Unidos desde el puerto de El Mariel en la embarcación El bien amado.
Norton, el capitán del barco y Alicia su esposa; el autor con su familia: su esposa Gricel, sus hijas Judith y Elizabeth y su hermana Caridad.
La última persona, Conchita, también fue a buscar a sus familiares a Cuba.

Epílogo

Las UMAP duraron 2 años 7 meses y 21 días, desde el arribo del primer contingente el 19 de noviembre de 1965 –quienes tuvieron que dormir a la intemperie y construir los campamentos– hasta el 10 de julio de 1968, con la baja de la mayor parte de los elementos reclutados. Aunque sus siglas cayeron en desuso, el resultado obtenido en dichas unidades sirvió de experimento para la creación del Ejército Juvenil del Trabajo «EJT», aún vigente[1]. En realidad fueron granjas de trabajo forzado donde la compasión siempre estuvo ausente. Al parecer esta nunca bajó de la Sierra Maestra[2].

Yo solamente relato mis experiencias, pero hay miles de testimonios que han muerto con aquellos valerosos hermanos que ya no están entre nosotros. Otros, permanecen en el subconsciente de esos que, como yo en su

---

[1] *Aquellos a los que no se les dio la baja de las UMAP, fueron transferidos a las filas del EJT.*

[2] *Ubicada en la antigua provincia de Oriente, Cuba, fue el sitio escogido por Fidel Castro para refugiarse durante la lucha contra el dictador Fulgencio Batista. (N.E.)*

momento, hemos querido olvidar esos ingratos recuerdos.

No es correcto que permanezcan en el olvido los fusilados, los mutilados, los que enloquecieron, aquellos que se suicidaron y los que aún nos decimos cuerdos, aunque algunas noches nos despierte la pesadilla vivida en Camagüey. Es por ello que, a más de 40 años, me motiva escribir esta denuncia.

Los años pasan, surgen nuevas generaciones, pasan las que nos precedieron, pero los hechos están ahí, y creo que es deber de los que nos tocó vivir, contar a quienes desconocen esa verdad, la barbarie a que fue sometida la juventud cubana de aquella época. Muchos estuvieron allí por ser creyentes u homosexuales…, aunque más bien nuestros mayores pecados fueron: el simple hecho de disentir y ser diferentes de lo que ellos llamaban el "hombre nuevo".

Como estoy seguro que a Dios no se le escapa nada de las manos, esa experiencia tuvo varios aspectos positivos en mi vida como: valorar lo que tenía y disfrutaba como algo natural, sin saber que era un privilegio; descubrir la poesía como terapia en esos momentos que nos vemos sin salida; el "simple" hecho aprender de mis errores o, sobre todas las cosas, el fortalecimiento de mi fe cristiana.

Igualmente positivo, y no menos importante fue:

El hecho de que en solo ocho meses terminara el Servicio Militar Obligatorio con la ventaja de que, al tener baja médica, nunca me llamaron para servir en la reserva militar, como sucedió con otros.

Dejar callados a todos los que se lanzaron en el intento de quererme incorporar al carro de la Revolución. Como el del presidente del CDR de mi cuadra, quien, al no poder negar la deshumanización de su querida revolución, tuvo que admitir que las UMAP fueron un error. Respondiéndole yo: «Un error que sentí sobre mis hombros, que desmiente la propaganda gubernamental en lo referente a su bondad».

Conocer personas, como los 37 de Barbosa; en especial los 7 de Guasimal, quienes me mostraron el pleno significado de la palabra compañerismo. En los momentos más difíciles, cuando mi salud se resquebrajó, fueron ellos los que lavaron mi ropa y me llevaron la comida a la hamaca, cuando las piernas no me respondían. Para ellos, mi eterno agradecimiento, donde quiera que estén.

Aprender que la palabra justicia es un anhelo que todo abusado añora. Ella, a su vez, no reduce el significado de la palabra perdón, cuando alguien reconoce sus culpas y pide humildemente ser perdonado. No es lo mismo, la de aquellos que mantienen una posición intransigente. A esos, la justicia debe de aplicárseles con toda su fuerza. Justicia no es ensañamiento. La siembra de odio solo fructifica más odio. Dijo Sir Francis Bacón: "Vengándose uno se iguala a su enemigo. Perdonándolo se muestra superior a él". Sé, que esta forma de pensar no es compartida por muchos, pero yo no quiero cargar esa mochila por toda mi existencia. Ya la he llevado conmigo por muchos años y lo que he logrado ha sido amargar mi vida al acordarme de las UMAP.

Hay algo curioso, los que han sido directamente víctimas son más proclives a buscar la justicia que aquellos que, siendo familiares, sufrieron los abusos de sus seres queridos. Estos son más dados al ajuste de cuentas. Todos deberíamos aprender de los errores para el día que Cuba respire libertad, no imponer nuestras ideas a la fuerza, sino que el razonamiento, junto al amor, reinen entre todos los cubanos.

La noche dura de la falta de libertad es algo que muchos, de quienes no la han experimentado, omiten de su pensamiento diciéndose que a ellos no les concierne, que eso no es su problema. Pero, aquellos que han tenido la amarga experiencia de verse comparados a un insecto, al cual han querido aplastar con una bota militar, finalmente se sensibilizan y miran todo a su alrededor, desde un punto de vista más humano.

Si ha llegado hasta aquí, después de leerlo, puede hacer lo que quiera con este libro: echarlo a la basura o guardarlo en su librero como uno más. Pero, de una cosa estoy seguro, ya no podrá decir que desconoce lo que fueron las UMAP. **U**na **M**uerte **A P**lazos.